Gerassimos Tsigantes

B 1.1

Beste Freunde

DEUTSCH FÜR JUGENDLICHE

Lehrerhandbuch

Hueber Verlag

Bearbeitung: Ricarda Brücke
Konzeptbeschreibung: Manuela Georgiakaki
Tests: Maria Papadopoulou, Annette Vosswinkel

Quellenverzeichnis:
Fotos: Alexander Keller, München
Illustrationen: Monika Horstmann, Hamburg

5.   4.   3.   Die letzten Ziffern
2027   26   25   24   23   bezeichnen Zahl und Jahr des Druckes.
Alle Drucke dieser Auflage können, da unverändert,
nebeneinander benutzt werden.
1. Auflage
© 2016 Hueber Verlag GmbH & Co. KG, München, Deutschland
Umschlaggestaltung: Sieveking · Agentur für Kommunikation, München
Layout und Satz: Sieveking · Agentur für Kommunikation, München
Verlagsredaktion: Luise Peters, Hueber Verlag, München; Heike Krüger-Beer, Rottenburg
Druck und Bindung: Friedrich Pustet GmbH & Co. KG, Regensburg
Printed in Germany
ISBN 978-3-19-421053-0

Art. 530_20794_001_03

Inhalt

Konzeptbeschreibung

Beste Freunde ist ein Lehrwerk für jugendliche Deutschlerner. Es führt in sechs Bänden zu den Sprachniveaus A1, A2 und B1 des Gemeinsamen Europäischen Referenzrahmens und bereitet auf die relevanten Prüfungen vor. Jeder Band besteht aus drei Modulen mit je drei kurzen Lektionen.

Im Zentrum steht eine Gruppe deutschsprachiger Jugendlicher, die die Schüler mit ihren Geschichten aus dem Alltag begleiten und so wie ein roter Faden durchs Lehrwerk führen. Die Schüler lernen diese Protagonisten als sympathische Personen mit individuellen Eigenschaften, Hobbys, Interessen und Familien kennen und können sich mit den gleichaltrigen Jugendlichen identifizieren. Jedes Modul stellt einen Protagonisten in den Vordergrund und trägt dessen Namen. Im Laufe des Buches treten die Protagonisten immer wieder miteinander in Kontakt, wie im richtigen Leben in unterschiedlicher Häufigkeit und Intensität. Die Schüler lernen damit eine Gruppe von Freunden kennen und begegnen diesen in verschiedenen, immer wieder spannenden Konstellationen. Themen wie Schule, Freunde, Freizeit, Essen sind für die unterschiedlichen Protagonisten wichtig und kommen so an mehreren Stellen im Lehrwerk vor. Die Wortschatzbereiche werden also zyklisch sinnvoll aufgegriffen und erweitert.

Kursbuch

Jeder Band umfasst neun sehr kurze Lektionen. Je drei Lektionen sind zu einem Modul zusammengefasst.

Moduleinstiegsseite

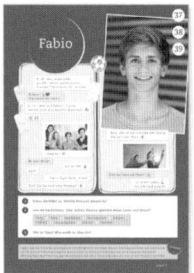

Den Hauptprotagonisten des Moduls lernen die Schüler auf der Einstiegsseite in einem großen Porträtfoto und einem persönlichen Text kennen. In dem Vorstellungstext wird bereits ein Teil des Wortschatzes der Lektionen präsentiert und somit die Wortschatzarbeit in den Lektionen entlastet. Auf der Moduleinstiegsseite sind außerdem die Lernziele des Moduls angegeben.

Lektionsseiten

Eine Lektion umfasst je drei bis vier verschiedene Impulse als Grundlage für einen abwechslungsreichen Unterricht. Jeder Impuls beinhaltet einen neuen inhaltlichen „Input", der Grammatik, Wortschatz oder Redemittel einführt. Da die Lektionen kleine Geschichten oder Episoden aus dem Leben der Protagonisten erzählen, ist es ratsam, alle Aufgaben der Reihe nach durchzuarbeiten und keine zu überspringen, weil sonst der inhaltliche Faden zerrissen und wichtiger Stoff übersprungen würde.

Wortschatz und Grammatik werden immer im Kursbuch präsentiert und mit Hören und Lesen verknüpft. Neuer Wortschatz und neue Strukturen werden dann in verschiedenen Aufgaben im Kursbuch geübt. Anschließend an die Kursbuchaufgaben finden sich **Verweise zu den Übungen im Arbeitsbuch.**

(→) **AB, Ü 9** ❙ Es handelt sich um Festigungsübungen, die an dieser Stelle von den Schülern selbstständig in der Klasse oder als Hausaufgabe bearbeitet werden können.

(→) **AB, GRAMMATIK, Ü 11** ❙ Hier wird die Grammatik Schritt für Schritt selbstentdeckend und, wo hilfreich, kontrastiv erarbeitet. Diese Übungen werden am besten gemeinsam im Unterricht unter Anleitung des Lehrers bearbeitet, denn hier werden Strukturen bewusst gemacht. Im Anschluss an diesen Schritt der Bewusstmachung folgen im Arbeitsbuch immer eine oder mehrere Festigungsübungen, in denen die Schüler die erarbeitete Regel anwenden und die von den Schülern selbstständig gelöst werden können.
Bei manchen Grammatikthemen bietet es sich an, die kleinschrittige Erarbeitung im Arbeitsbuch den Aufgaben im Kursbuch vorzuschalten. Es bleibt dem Lehrer überlassen, für welche Reihenfolge er sich entscheidet.

(👥) In vielen Lektionen sind **Partnerübungen** angelegt. Es handelt sich dabei um mündliche Aufgaben zum Festigen von neuen Strukturen und neuem Wortschatz, die in Partnerarbeit gemacht werden. Häufig stehen den beiden Partnern auf verschiedenen Seiten im Arbeitsbuch unterschiedliche Informationen zur Verfügung. Im Gespräch sollen sie diese Informationen abfragen bzw. austauschen.

Die **Fertigkeiten Lesen, Hören, Sprechen** und **Schreiben** sind ausgewogen in den Lektionen vertreten. Die rezeptiven Fertigkeiten **Lesen** und **Hören** werden durch Aufgaben vermittelt, die den Schülern bereits nötige Strategien anbieten. Zum Teil sind sie durch entsprechende Lerntipps ergänzt. Somit werden Lese- und Hörstrategien immer an Ort und Stelle angewendet, trainiert und auch langfristig verinnerlicht. Das passive Verständnis von Hör- und Lesetexten geht meist darüber hinaus, was in der Fremdsprache produktiv ausgedrückt werden kann.

Die produktiven Fertigkeiten **Sprechen** und **Schreiben** werden durch motivierende, authentische Impulse angeregt. Das Sprechen wird sowohl dialogisch (Dialoge variieren, frei sprechen usw.) als auch monologisch (erzählen, präsentieren usw.) geübt.

Zum Schreiben werden Aufgaben angeboten, die keinen großen Zeitaufwand erfordern und deshalb gut im Unterricht bearbeitet werden können. Sie sind z. T. mit dem systematischen und progressiv aufgebauten Schreibtraining im Arbeitsbuch verbunden.

(→) **AB, SCHREIBTRAINING, Ü 11** ❙ Im Schreibtraining steht immer das Schreiben zusammenhängender Texte im Mittelpunkt. Textsortenmerkmale, Textaufbau, Verknüpfungsmittel und stilistische Fragen werden einzeln behandelt, präsentiert und geübt. Einleitende Schritte, in denen die Problematik bewusst gemacht wird, sollten im Unterricht gemeinsam erarbeitet werden. Das abschließende Schreiben von Texten kann dann auch als Hausaufgabe aufgegeben werden.

Das Fertigkeitstraining allein genügt nicht, um eine Sprache gut zu lernen. Wichtig ist außerdem, dass die Schüler Techniken anwenden, die ihnen den Spracherwerb erleichtern. **Lerntechniken** werden in *Beste Freunde* von den ersten Lektionen an vermittelt. Sie sind immer in Aufgaben verpackt und werden somit sofort angewendet. Lerntipps machen die entsprechenden Strategien an einigen Stellen zusätzlich bewusst. Im Kursbuch handelt es sich dabei vorrangig um Strategien zum Lesen und Hören, im Arbeitsbuch um Strategien zum Wortschatzlernen, Mnemotechniken und Strategien, die beim Schreiben helfen.

 Mit dem CLIL-Button wird immer wieder auf fächerübergreifenden Unterricht verwiesen. Weitere Arbeitsblätter zum Thema fächerübergreifender Unterricht sind auf der Internetseite zu finden.

Seiten am Modulende

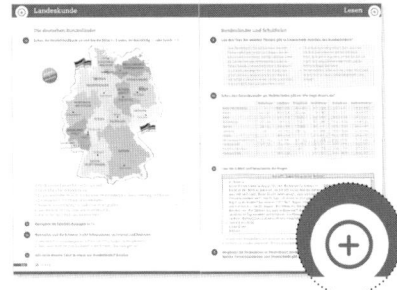

Die Materialien auf der Doppelseite zu **Landeskunde und Lesen** stellen ein fakultatives Angebot dar, das thematisch an das vorangehende Modul anknüpft. Die Aufgaben auf diesen Seiten sollen zu unterschiedlichen sozialen Lernformen und einem kreativen Umgang mit der Sprache anregen. Die Landeskunde gibt aktuelle, für Jugendliche interessante Informationen und landeskundliche Fakten zu den DACHL-Ländern. Ziel ist vorrangig die Information über Land und Leute sowie der interkulturelle Vergleich, zweitrangig ist dabei die Vermittlung von Sprachkenntnissen.

Die Lesen-Seiten sind inhaltlich mit den Seiten zur Landeskunde verknüpft. Sie bieten einen oder mehrere Texte unterschiedlichster Textsorten an: Das Spektrum reicht von persönlichen Texten wie E-Mails über Sach- und Gebrauchstexte (Kalender) bis zu literarischen Texten. Wo möglich, schließen die Lesen-Seiten mit einer weiterführenden kreativen Aufgabe ab.

Konzeptbeschreibung

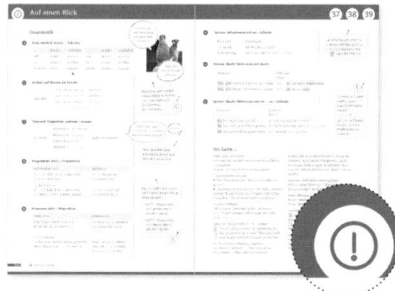

Die Doppelseite **Auf einen Blick** bietet eine Übersicht über Grammatik und Redemittel, die in den vorangegangenen drei Lektionen gelernt wurden. Die Übersicht dient zur Wiederholung, kann aber auch beim selbstständigen Bearbeiten von Übungen im Arbeitsbuch als Hilfe herangezogen werden. In der rechten Spalte sind grammatische Phänomene noch einmal durch Abbildungen oder Beispiele aus den Lektionen illustriert. Außerdem finden sich hier kurze Erläuterungen zu den links dargestellten Regeln.

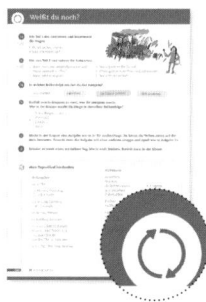

Den Modulabschluss bildet die **Wiederholungsseite "Weißt du noch?"**, die ausgewählte Grammatikthemen und Wortschatzfelder der Niveaustufen A1 und A2 wiederholt. Falls sinnvoll, sind auch Inhalte der B1-Stufe verknüpft. Häufig wird über eine erste Höraufgabe bereits Bekanntes in Erinnerung gerufen, die folgenden Aufgaben sind kommunikativ-spielerisch angelegt und können mithilfe der darunter stehenden Übersichten gelöst werden. Die Aufgaben bieten auch Gelegenheit zur Produktion von Texten, die zu zweit oder in Kleingruppen in der Klasse präsentiert werden können.

Die Wiederholung sollte nach Abschluss des Moduls gemacht werden, kann aber auch zwischen den einzelnen Lektionen bearbeitet werden.

Anhang

Im Anhang befindet sich eine alphabetische Wortliste mit allen Wörtern, die im jeweiligen Band bzw. in beiden Bänden einer Niveaustufe vorkommen. Bei jedem Wort ist das erste Vorkommen im Buch aufgeführt. Kursiv gedruckte Wörter sind weder Lernwortschatz in *Beste Freunde*, noch sind sie relevant für die Prüfungen der Niveaustufen A1, A2 oder B1.

Umschlag

Auf der vorderen Umschlaginnenseite befindet sich eine Karte der deutschsprachigen Länder. Hinten im Umschlag findet man nützliche Redemittel für Diskussionen im Unterricht.

Arbeitsbuch

Lektionsseiten

↓ **NACH AUFGABE 2** ❙ Die Übungen im Arbeitsbuch dienen der selbstständigen Arbeit zu Hause und wiederholen Grammatik, Wortschatz und Redemittel in einfachen, für die Schüler leicht verständlichen Übungen. Sie sind durch ein Verweissystem mit den Aufgaben im Kursbuch verbunden.

Die Übungen einer Arbeitsbuchlektion sind durch Piktogramme und Farbmarkierungen differenziert. Bei Übungen ohne Auszeichnung handelt es sich um **Festigungsübungen**, die an dieser Stelle von den Schülern in der Klasse oder als Hausaufgabe bearbeitet werden können.

⊕ Übungen zur **Binnendifferenzierung** sind mit einem Plus gekennzeichnet.

GRAMMATIK Übungen, in denen **Grammatik** selbst entdeckt werden kann, sind gelb unterlegt.

SCHREIBTRAINING Die Einheiten zum **Schreibtraining** sind blau markiert.

Schreibübungen, bei denen die Schüler kleine Texte verfassen, die sie anschließend in ihrem persönlichen **Dossier** bzw. Portfolio ablegen können, sind mit dem Symbol der Büroklammer versehen.

Übungen zur **Wortbildung** behandeln die Zusammensetzungen und Ableitungen des Wortschatzes. Sie sind am Symbol der Puzzle-Stücke erkennbar.

AUSSPRACHE Die **Aussprache**-Einheiten am Ende jeder Arbeitsbuchlektion sind grün hinterlegt. Sie berücksichtigen sowohl das Einzellauttraining als auch die Intonation (Wortakzent, Satzakzent, Intonation der Satztypen) und können vom Lehrer flexibel eingesetzt werden. Das vorrangige Prinzip bei den Ausspracheübungen sind Hören und Nachsprechen mit Markieren des Phänomens. Einfache Visualisierungen erleichtern den Schülern, Ausspracheregeln imitativ zu lernen. Kurze rhythmisierte Gedichte regen zum spielerischen Nachsprechen an. Wo es nötig ist, werden Aussprache und Schreibweise zusammengeführt.

Jede Lektion schließt mit zwei **Lernwortschatzseiten** ab, auf der der produktive Wortschatz der Lektion zusammengefasst wird. Die Seite ist in drei Spalten gegliedert: In der linken Spalte finden sich alle wichtigen Vokabeln der Lektion, in der Mitte bietet eine Schreibzeile Platz für die Übersetzung in die Muttersprache, und in der rechten Spalte stehen Kontextsätze zu den Wörtern. In diesen Beispielsätzen wird das Lernwort jeweils durch eine Tilde (~) ersetzt, sodass die Schüler aktiv damit üben können. Wortfamilien und thematische Wortgruppen sind in Kästen zusammengefasst.

Die Lernwortschatzseiten enthalten außerdem kleine Lerntipps und Hinweise. Verben werden im Infinitiv angegeben, Besonderheiten in der Konjugation sind vermerkt. Nomen werden in der Artikelfarbe und mit Artikel angegeben.

🌐 Wörter mit dem Piktogramm der Weltkugel sind Wörter, die große Ähnlichkeit mit dem Englischen haben.

Seiten am Modulende

Nach jedem Modul gibt es zwei Seiten **Fertigkeitentraining**, auf denen immer Lesen und Hören sowie entweder Sprechen oder Schreiben trainiert werden. Passend zum jeweiligen Sprachstand und zu den Lektionsthemen werden Aufgaben zu den verschiedenen Fertigkeiten angeboten, die auf die Prüfungsformate dieser Sprachniveaustufe vorbereiten. Die Schüler erhalten zusätzlich Tipps für die Bearbeitung der einzelnen Übungsformate, damit sie ihre eigenen Strategien entwickeln können.

Im Trainingsteil **Lesen** gibt es meist zu Beginn eine Übung zur Vorentlastung, dann einen kleinen Lesetext und anschließend Fragen zu diesem Text. Es werden Lesestrategien trainiert, die den Jugendlichen beim Umgang mit Texten helfen und in denen auch unbekannter Wortschatz enthalten ist. Die Schüler trainieren globales, selektives und detailliertes Lesen und werden dazu angeleitet, sich davon zu lösen, jedes Wort verstehen zu wollen. Im Trainingsteil **Hören** gibt es einen Hörtext, zu dem im Anschluss Fragen beantwortet werden. Hier steht das Hörverstehen im Vordergrund. Im Trainingsteil **Schreiben** geht es um das Verfassen eigener kleiner Texte, die dem Sprachstand angemessen sind. Im Trainingsteil **Sprechen** wird meist in Partnerarbeit die mündliche Kommunikationsfähigkeit trainiert.

Die Rubrik **Das kannst du jetzt!** jeweils auf der letzten Seite eines Moduls bietet den Schülern die Möglichkeit der **Selbsteinschätzung** des im Modul Erlernten. Sie orientiert sich an den Kann-Beschreibungen des Gemeinsamen Europäischen Referenzrahmens und korrespondiert mit den Lernzielen auf den Moduleinstiegsseiten. Die Aufgaben fragen also nicht isoliert Grammatik- und Wortschatzkenntnisse ab, sondern haben kommunikativen Charakter und oft einen persönlichen Bezug zu den Schülern.

Anhang

Der Anhang des Arbeitsbuchs enthält:
- die Partneraufgaben zum Kursbuch
- eine Liste mit allen bekannten, unregelmäßigen Verben, versehen mit Schreibzeilen für die Übersetzung
- eine Liste der bekannten Verben mit Präpositionen
- die Lösungen zur Selbstevaluation

Audio-CD

Dem Arbeitsbuch liegt eine Audio-CD bei. Diese bietet:
- die Audiotracks zu den Ausspracheübungen
- die Audiotracks zum Fertigkeitentraining

Lehrerhandbuch

Das Lehrerhandbuch enthält:
- **Unterrichtspläne** zu den einzelnen Lektionen. Gegliedert nach der Aufgabenabfolge im Kursbuch bieten sie eine Beschreibung der Unterrichtsschritte. In der vorletzten Spalte ist die Abfolge der empfohlenen Sozialformen angegeben. Die Spalte ganz rechts ist frei. Hier kann der Lehrer entsprechend den Rahmenbedingungen seines Unterrichts seine eigene Zeitplanung festhalten.
- **Spielanleitungen** zu den Spielen im Lehrwerk
- **Kopiervorlagen** für spielerische Aktivitäten, die fakultativ im Unterricht eingesetzt werden können
- **Tests**, die auf die Lerninhalte der Lektionen abgestimmt sind und die in zwei Fassungen (A und B) vorliegen. Die beiden Fassungen variieren in den Aufgaben, sind aber inhaltlich identisch.
- **Transkriptionen** zu den Hörtexten von Kurs- und Arbeitsbuch
- **Lösungen** zu den Aufgaben in Kurs- und Arbeitsbuch

Ergänzende Materialien und weiterführende Informationen befinden sich im Lehrwerkservice im Internet: www.hueber.de/beste-Freunde
Wenn im Lehrerhandbuch vereinfachend von „Lehrer" oder „Schüler" die Rede ist, so impliziert dies selbstverständlich immer die weibliche Form und stellt keine Wertung dar.

In diesem Lehrerhandbuch verwendete Abkürzungen:

KB = Kursbuch	s. = siehe
AB = Arbeitsbuch	PL = Plenum
S. = Seite	EA = Einzelarbeit
Ü = Übung	PA = Partnerarbeit
S = Schüler	GA = Gruppenarbeit
L = Lehrer	KÜ = Kettenübung

Weltkugel © fotolia/ag visuell

Seite	Aufgabe Material Verweis	Ablauf	Form	Zeit
S. 7	1	Die S schauen sich die Bilder an, nennen diejenigen Personen, die sie schon kennen, und sagen im Plenum, was sie über sie wissen. Der L verweist ggf. auf die Präsentation der Protagonisten auf S. 6.	PL	
	2	Die S lesen die Nachrichten für sich. Sie notieren in ihr Heft, über welche Themen gesprochen wird. Zur Kontrolle werden die Lösungen dem L zugerufen und im Plenum besprochen.	EA PL	
	3	Die S äußern sich mündlich in der Klasse darüber, was sie schon alles über Fabio wissen.	PL	

Seite	Aufgabe Material Verweis	Ablauf	Form	Zeit
S. 8	1a	Die S schauen sich das Bild an und lesen die Nachricht für sich. Dann stellen sie im Plenum Vermutungen darüber an, wer diesen Zettel geschrieben hat und warum. Der L hilft mit dem neuen Wortschatz.	EA PL	
	1b	Die S lesen die Hauptsätze 1–3 und die Infinitivsätze a–c. Die unbekannten Wörter werden in der Klasse geklärt. Anschließend lesen die S die Nachricht noch einmal und ordnen die Satzteile entsprechend zu. Die Lösungen werden im Plenum genannt.	EA PL	
	1c	Der L weist darauf hin, dass die Nachricht nicht vollständig zu sehen ist und dass Fabios Mutter wahrscheinlich noch mehr Ratschläge gegeben hat. Die S lesen im Plenum die Vorgaben im Schüttelkasten. Die neuen Wörter werden anhand der Illustrationen erschlossen. Der L verweist auf den Grammatikkasten und die vorgegebenen Redemittel. Die S besprechen dann zusammen mit ihrem Partner, was Fabios Mutter ihm vielleicht noch geraten haben könnte. Lernschwächere S oder Klassen können sich auch zuerst Notizen in ihr Heft machen. Dann fragt der L die Paare im Plenum nach je einem Vorschlag, den er an die Tafel schreibt. *Hinweis: In Deutschland ist es üblich, dass Jugendliche auch eine Nacht allein zu Hause bleiben dürfen. Die Eltern bereiten dann etwas zu Essen vor und schreiben ggf. eine kleine Notiz, an was die Jugendlichen denken sollen, wie hier Fabios Mutter.* → AB, S. 6 Ü 1	PL PA PL	

→ **AB, GRAMMATIK**

Seite	Aufgabe Material Verweis	Ablauf	Form	Zeit
AB S. 6	2a	Die S schauen sich die Bilder A–C an und ordnen die Sätze 1–3 zu. Sie können mit dem Partner vergleichen. Dann werden die Lösungen in der Klasse besprochen.	EA PL	
	2b	Die S unterstreichen die Infinitive mit *zu* in Ü 2a und ergänzen die Regel. Sie können mit dem Partner vergleichen. Im Plenum werden dann die Lösungen besprochen.	EA PL	
	2c	Die S schreiben die Sätze aus Ü 2a in das Schema und ergänzen die Regel. Sie können ihrem Partner dabei helfen. Im Plenum wird die vollständige Regel vorgelesen.	EA PL	

Seite	Aufgabe Material Verweis	Ablauf	Form	Zeit
S. 8	2	Der L liest die Aufgabe vor und erklärt die Bedeutung der neuen Wörter. Mithilfe der Vorgaben stellen die S dann im Plenum Vermutungen darüber an, wie Fabio die zwei Tage ohne seine Eltern verbringt. Der L notiert einige Beispielsätze an der Tafel, um auf den Gebrauch des Infinitivs mit *zu* hinzuweisen. → AB, S. 7–8 Ü 3–6	PL	

		3a	Zwei (oder vier) S lesen die Nachrichten mit verteilten Rollen vor. Dann lesen sie die Fragen. Der L macht die S auf den Hinweis aufmerksam und erklärt die Bedeutung und Verwendung von *brauchen*, indem er auf die Beispiele im Text hinweist. Die S besprechen sie mündlich in PA. Im Anschluss werden die Antworten im Plenum zusammengetragen. *fakultativ: Der L schreibt die vollständigen Antwortsätze an die Tafel.*	PA PL	
S. 9		**3b**	Der L erklärt die Aufgabe. Er weist darauf hin, dass die S bei ihren Antworten *nicht brauchen … zu* benutzen sollen. Die S sammeln in Partnerarbeit Ideen und formulieren 2–3 Sätze mit *wenn – … dann*. Danach bittet der L die S Beispiele in der Klasse vorzustellen. Der L kann einige Beispiele an die Tafel schreiben. Der L vertieft seine Erklärung aus 3a und geht nun auch auf *nicht brauchen … zu* ein, indem er die Bedeutung an Hand einiger Beispiele der S verdeutlicht. Er weist auch auf den Tipp im AB hin. → AB, S. 8 Ü 7	PA PL	
		4a	Die S lesen die Mindmap. Der L erklärt den neuen Wortschatz (z. B. durch Umschreibungen und Synonyme). Die S übertragen die Mindmap in ihr Heft und ergänzen dort zu zweit eigene Ideen für die Organisation einer Party. *fakultativ: Der L zeichnet die Mindmap an die Tafel und schreibt einige Vorschläge der S an, um für leistungsschwächere S das in 4b folgende Gespräch zu erleichtern.*	PL PA PL	
		4b	Die S lesen im Plenum die Redemittel für das Gespräch und der L erklärt die neuen Wörter. Mithilfe der Mindmap aus 4a und der Redemittelvorgaben planen die S in PA dann gemeinsam eine Party. Der L geht herum, hört zu und hilft, wo nötig. → AB, S. 8 Ü 8a	PL PA	

→ **AB, SCHREIBTRAINING**

AB S. 9		**8b**	Die S schreiben mithilfe der Vorgaben eine Nachricht nach dem Muster aus Ü 8a in ihr Heft. Die S lesen sich ihre Sätze gegenseitig in PA vor und helfen sich, wenn möglich. Der L geht umher und korrigiert, wo nötig. → S. 9 Ü 9	EA PA	

S. 9		**5a**))) 1	Ein S liest im Plenum die Aussage vor. Dann hören die S die Nachricht auf der Mobilbox. Nach dem Hören sagen sie im Plenum, ob die Aussage richtig oder falsch ist.	PL	
		5b))) 1	Die S lesen still die Aufgabe und hören die Nachricht noch einmal. Sie hören dabei, welche Lösung die richtige ist. Zur Kontrolle wird der vollständige Satz im Plenum vorgelesen. Die S können sich den korrekten Satz in ihr Heft schreiben.	EA PL	
		5c	Die S schauen sich das Bild an und beschreiben es kurz. Dann lesen sie im Plenum die Ausdrücke in den Sprechblasen und entscheiden, welche Sprechblasen zum Bild passen. Die passenden Sätze werden zur Kontrolle vorgelesen. In der Klasse wird ggf. auch die Bedeutung der Ausdrücke mit der Muttersprache verglichen. → AB, S. 9 Ü 10	PL	

S. 10		**6**	Die S lesen die Aufgabe und schreiben anhand der Fragen eine E-Mail. Der L sammelt die E-Mails ein und korrigiert sie individuell.	EA	
		7a	Die S schauen sich das Foto an und spekulieren im Plenum darüber, was passiert. Der L weist diesbezüglich auch auf die Informationen auf der Modul-Einstiegsseite (KB S. 7) hin. So kommen die S darauf, dass es sich um einen Flashmob handelt. Der L fragt die S, ob sie wissen, was ein Flashmob ist und ob jemand schon eigene Erfahrungen mit Flashmobs gemacht hat.	PL	

	7b ((•)) 2	Die S lesen die Wörter im Schüttelkasten. Der L erklärt die neuen Wörter. Dann hören sie die Verkehrsmeldung einmal und notieren dabei in ihr Heft, welche der vorgegebenen Wörter sie gehört haben. Zur Kontrolle werden diese Wörter im Plenum genannt.	EA PL	
	7c ((•)) 2	Die S lesen zuerst die beiden Fragen der Aufgabe. Sie hören dann die Meldung noch einmal. Zum Schluss werden in der Klasse die Antworten genannt. *fakultativ: Die S notieren in ihrem Heft stichwortartig die Antworten, die zu den Fragen passen. Der L lässt kurz Zeit dafür.*	EA PL	
	8a	Die S lesen den Titel und die Einleitung des Textes. Sie stellen im Plenum Vermutungen über das Thema an. Dann lesen sie still den ganzen Artikel und anschließend die drei Aufgaben. Nach dem Lesen erklärt der L den Ausdruck *In dem Artikel geht es um*. Dann wird der neue Wortschatz geklärt. Die S lösen nun die Aufgaben und notieren zu Satz 2 und 3 die lösungsrelevanten Textstellen in ihr Heft. Im Plenum werden die Lösungen besprochen.	PL EA PL PL	

S. 11	**8b**	Mithilfe des Textes in 8a ordnen die S den sieben Sätzen rechts den jeweils passenden Satzanfang links zu. Bei Bedarf wird der neue Wortschatz geklärt. Zur Kontrolle werden die vollständigen Sätze vorgelesen. → AB, S. 9–11 Ü 11–18	EA PL	
	9	Die S lesen still die drei Fragen und machen sich dazu Notizen. Danach wird in der Klasse auf Deutsch über das Thema Flashmob gesprochen.	PA PL	
	10	Der L teilt die S in 4er-Gruppen ein. Jeder S schreibt einen Satzanfang mit *während* auf einen Zettel. Die Vorgaben dienen als Beispiele. Der L geht an dieser Stelle noch nicht auf die Grammatik ein, weist aber kurz darauf hin, dass die S die richtige Form im Grammatikkasten finden. Dann werden die Zettel gefaltet und gemischt. Jeder S zieht dann einen Zettel, liest ihn vor und führt den Satz weiter, wie im Beispiel vorgegeben. Der L geht herum, hört zu und hilft, wo nötig.	GA	

(→) **AB, GRAMMATIK**

AB S. 11	**19a**	Die S ordnen den Satzanfängen 1–4 die entsprechenden Satzenden rechts zu. Sie können sich dabei helfen, wenn nötig. Anschließend werden zur Kontrolle die vollständigen Sätze vorgelesen.	EA PA PL	
	19b	Die S unterstreichen in U 19a die Artikel und Nomen wie im Beispiel und ergänzen dann die Regeln. Sie können sich dabei gegenseitig helfen. Der L zeichnet inzwischen die Tabelle an die Tafel und ergänzt dann die richtigen Formen, die ihm die S im Plenum nennen. Die Regel wird zur Kontrolle vorgelesen. Der L erklärt, wenn nötig, was der Genitiv ist. → AB, S. 12 Ü 20–21	EA PL	

S. 11	**11**	Zu zweit sammeln die S Ideen, was alles während einer Party passieren kann, sprechen und machen sich ggf. Notizen dazu. Dann erzählen sie frei in der Klasse. Der L achtet darauf, dass ihre Sätze mit *Während einer Party* ... anfangen. Der L kann einige Ideen an die Tafel schreiben.	PA PL	

	Kopiervorlage	*fakultativ: Der L gibt jeder Gruppe (ca. 4 S) eine Kopie der Kopiervorlage. Die Partner machen sich Notizen in die Mindmap. Anhand ihrer Notizen sprechen die S dann miteinander und planen gemeinsam das Fest. Der L geht herum, hört zu und hilft, wo nötig.*	GA	

Seite	Aufgabe Material Verweis	Ablauf	Form	Zeit
S. 12	**1a**	Die S schauen sich das Bild an und lesen die Sprechblase. Dann lesen sie still die Aufgabe. Die neuen Wörter werden in der Klasse erklärt. Die S entscheiden nun, welche von den Aussagen a, b oder c richtig sein könnten.	EA PL	
	1b	Die S lesen den Text für sich und vergleichen mit ihrer Vermutung in 1a. Zur Kontrolle wird im Plenum der korrekte Satz aus 1a vorgelesen. Anhand des Textes wird dann im Plenum besprochen, was die S noch über den Kauf-Nix-Tag erfahren haben. → AB, S. 15–16 Ü 1–3	EA PL	
	2a 🔊 3	Die S schauen das Bild an und lesen die Bildunterschrift. Der L fragt die S, was sie auf dem Foto sehen und was das Thema der Sendung ist. Die S antworten. Dann lesen die S still die drei Fragen und hören den ersten Teil des Interviews. Sie machen sich während des Hörens oder danach Notizen dazu in ihr Heft. Anschließend werden die drei Fragen in der Klasse beantwortet.	EA PL EA PL	
S. 13	**2b** 🔊 4	Die S lesen still die Sätze 1–4. Der neue Wortschatz wird vom L erklärt. Dann entscheiden die S, was ihrer Meinung nach richtig bzw. falsch ist. Sie hören im Anschluss Teil 2 des Interviews und kontrollieren während des Hörens ihre Lösungen.	EA	
	2c 🔊 5	Die S lesen für sich die Sätze 5–8. Der neue Wortschatz wird vom L erklärt. Dann hören die S Teil 3 des Interviews und entscheiden, ob die Sätze richtig oder falsch sind.	EA	
	2d 🔊 6	Die S hören das ganze Interview noch einmal und kontrollieren ihre Lösungen in 2b/c. Im Plenum werden dann die Ergebnisse besprochen.	EA PL	
	3	Ein S liest die Fragen und die möglichen Antworten laut vor. Der L erklärt den neuen Wortschatz. Dabei wird *wozu* und *damit* ebenfalls nur als unbekannter Wortschatz behandelt und, wenn möglich, von den S aus dem Kontext erschlossen. An dieser Stelle wird noch nicht auf die Grammatik eingegangen. Anhand der Informationen aus dem Interview in 2 kreuzen die S an, welche Antwort ihrer Meinung nach passt. Zur Kontrolle werden die Lösungen in der Klasse besprochen.	PL EA PL	
	4	Mithilfe der Ausdrücke im Kasten stellen die S in Zusammenarbeit mit ihrem Partner Vermutungen darüber an, wozu Frederick das macht. Sie können auch andere Aktivitäten von Frederick beschreiben und ihren Zweck nennen. Sie schreiben Sätze in ihr Heft, wie im Beispiel vorgegeben. Anschließend lesen die S ihre Sätze im Plenum vor und der L schreibt einige Beispiele an die Tafel. → AB, S. 16 Ü 4–5	PA PL	

⊙→ **AB, GRAMMATIK**

Seite	Aufgabe Material Verweis	Ablauf	Form	Zeit
AB S. 17	**6a**	Die S schauen sich die Bilder an und lesen still die Sätze 1–3. Dann ordnen sie den Bildern die passenden Sätze zu. Die Kontrolle erfolgt im Plenum.	EA PL	
	6b	Die S lesen Satz 1 aus Ü 6a noch einmal für sich und ergänzen im Grammatikschema die fehlenden Satzteile. Im Plenum wird kontrolliert.	EA PL	
	6c	Mithilfe von Ü 6b wird die Regel von den S erschlossen, ergänzt und das richtige Wort unterstrichen. Im Plenum wird die vollständige Regel vorgelesen. → AB, S. 17 Ü 7–9	EA PL	

| S. 13 | 5a | Die S machen auf einem Zettel oder in ihrem Heft eine Liste mit den Dingen, die sie in der letzten Woche gekauft haben. | EA | |
| | 5b | Die S arbeiten zu zweit. Sie tauschen die Listen aus 5a miteinander, lesen sie und markieren, auf welche Dinge ihr Partner ihrer Meinung nach verzichten könnte. Im Anschluss entwickelt sich zwischen den beiden Partnern ein Dialog, indem sie Vorschläge machen, annehmen oder ablehnen. Der L weist darauf hin, dass die S dem Modell im KB folgen sollen. Der L geht dann herum, hört zu und hilft, wo nötig. | PA | |

S. 14	6a	Die S lesen den Forumsbeitrag zuerst für sich und notieren die drei Informationen, die ihrer Meinung nach am wichtigsten sind. Danach vergleichen sie mit ihrem Partner. Der L geht herum und hört mit. Im Anschluss werden die wichtigsten Informationen im Plenum genannt. *fakultativ: Bevor die S sich in PA austauschen, können im Plenum wichtige Redemittel dafür wiederholt werden, z. B. Ich glaube/denke, dass … Am wichtigsten ist …*	EA PA PL	
	6b	Die S lesen die Antworten auf den Forumsbeitrag in verteilten Rollen vor. Sie sollen vorerst nur erkennen, ob die Meinung des Schreibenden positiv oder negativ ist. Deshalb werden noch keine unbekannten Wörter erklärt. Der L erstellt in der Zwischenzeit an der Tafel eine Tabelle mit zwei Spalten *(positiv/negativ)*. Dann werden die Ergebnisse in der Klasse besprochen. Die entsprechenden Textstellen, die die Meinung zeigen, werden vorgelesen und der L schreibt sie in die entsprechende Spalte der Tabelle. *fakultativ: Die S schreiben die Tabelle ins Heft ab.*	PL	
	6c	Ein S liest die vier Aussagen vor. Der neue Wortschatz wird im Plenum geklärt. Dann lesen die S die Texte in 6b noch einmal still. Sie entscheiden, wer welche Aussage gemacht hat. Die Lösungen werden in der Klasse besprochen. Der L weist darauf hin, dass eine Aussage nicht wortwörtlich in einem Text stehen muss, um richtig zu sein, sondern dass es verschiedene Möglichkeiten gibt, etwas auszudrücken (z. B. „egoistisch" = „nur an sich denken"). *fakultativ: Die S lesen die Aussagen 1–4 noch einmal und notieren die Ausdrücke, die die Meinung zeigen. Sie rufen sie dem L zu und dieser ergänzt sie in die Tabelle an der Tafel (s. Tafelanschrieb in 6b).* → AB, S. 18 Ü 10–11	EA PL	

→ **AB, GRAMMATIK**

AB S. 19	12a	Zuerst liest ein S den Anfangssatz vor, damit die Situation klar wird. Dann lesen die S die Hauptsätze 1–3 und die Nebensätze a–c für sich und ordnen sie einander zu. Die Lösungen werden im Plenum besprochen.	EA PL	
	12b	Die S lesen Satz 1 aus Ü 12a noch einmal und ergänzen die fehlenden Wörter im Schema. Die Ergebnisse werden in der Klasse besprochen. Dann vergleichen die S den *um … zu*-Satz mit dem gleichbedeutenden *damit*-Satz. Sie stellen fest, dass der *um … zu*-Satz kein Subjekt hat. Der gleichbedeutende *damit*-Satz hat in Hauptsatz und Nebensatz dasselbe Subjekt.	EA PL	
	12c	Die S lesen den *um … zu*-Satz aus Ü 12b und unterstreichen in der Regel, was richtig ist. Zur Kontrolle wird das Ergebnis im Plenum genannt. *fakultativ: Der L fordert die S auf, Satz 2 und 3 in einen „damit"-Satz umzuformen. Die S schreiben die Sätze in ihr Heft. Ein S kommt dann nach vorne und schreibt sie auch an die Tafel.*	EA PL	

	12d	Die S schreiben die *um … zu*-Sätze 1–3 aus Ü 12a in das Schema. Anschließend liest ein S den Tipp vor. *fakultativ: Der L schreibt das Schema an die Tafel und bittet die S, ihm die richtigen Antworten zu nennen.* → AB, S. 19–20 Ü 13–15	EA PL	

S. 15	**7**	Die S lesen still die Vorgaben in den zwei Kästen. Dann machen die S eine Kettenübung (Spielanleitung, s. LHB S. 41). Der vorgegebene Dialog dient als Beispiel. Außer den Vorgaben in den Kästen können die S auch eigene Ideen einbringen. Der L hört zu und korrigiert, wo nötig. → AB, S. 20 Ü 16	KÜ	
	8a Rollenkarten	Der L erklärt die Aufgabe: Er nennt das Ziel (die mündliche Vertretung eines Standpunkts) und fragt die S, wie Talkshows normalerweise ablaufen. Er weist ggf. auf kulturelle Unterschiede hin (z. B. sollen sich die S alle ausreden lassen). Die S werden in vier Gruppen eingeteilt. Außerdem werden zwei S als Moderatoren ausgewählt. Jede Gruppe bekommt eine Rollenkarte (1 bis 4) zugeteilt. Die S jeder Gruppe lesen den Standpunkt, den ihre Gruppe in der Diskussion vertreten soll. Dann sammeln und notieren sie gemeinsam passende Aussagen und Argumente dazu. Währenddessen arbeiten die beiden Moderatoren zusammen und notieren auf einem Zettel, wie sie die Talkshow einleiten und welche Fragen sie stellen werden. Der L verweist auf die entsprechenden Redemittel in 8b, geht herum und hilft, wo nötig.	GA/ PA	
	8b	Der Klassenraum wird für die Talkshow eingerichtet: Vorne werden für die Moderatoren und die Vertreter der Gruppen sechs Stühle um einen Tisch gestellt. Der Rest der Klassen bleibt sitzen und bildet das Publikum. Jede Gruppe wählt eine Sprecherin bzw. einen Sprecher, die nach vorne kommen und sich an den Diskussionstisch setzen. Sie haben die Notizen ihrer Gruppe vor sich. Im Plenum werden die Redemittel gelesen. Aus jeder Gruppe kann ein S ein entsprechendes Beispiel für seine Gruppe vorlesen. Der L erklärt ggf. die neuen Wörter. Nun spielt die Klasse die Schüler-Talkshow. Die Moderatoren leiten die Diskussion ein, geben dem jeweiligen Gast bzw. Teilnehmer aus dem Publikum das Wort und stellen ihre Fragen. Sie achten auch darauf, dass niemand den anderen unterbricht, wenn er redet. Der L hilft dabei. Das Publikum stellt auch Fragen und stimmt einem Standpunkt zu bzw. lehnt ihn ab. Dabei verwenden die S die vorgegebenen Redemittel. Der L hört zu und hilft, wenn nötig. *fakultativ: Übungen 17–18 im AB können schon in Vorbereitung auf die Diskussion vor 8b gemacht werden.* → AB, S. 20–21, Ü 17–18	PL	

⊕ AB, SCHREIBTRAINING

AB S. 21	**19**	Die S lesen den Forumsbeitrag. Sie sammeln Argumente für ihre Position, machen sich ggf. Notizen dazu und schreiben eine Antwort in ihr Heft. Der L verweist darauf, dass ihnen die Ausdrücke in Ü 17 und 18 helfen können. Wenn die S ihre Antworten geschrieben haben, tauschen sie die Hefte mit ihrem Nachbarn. Die S lesen die Antworten des Partners und tauschen sich im Anschluss über das Thema aus. Sie können auch die Redemittel aus Aufgabe 8b benutzen und somit festigen.	EA PL PA	

| 4 | Kopiervorlage | *fakultativ: Die S lesen die Sätze und verbinden sie mit* um…zu *oder* damit. *Die Kontrolle erfolgt mit Hilfe des ABs (S. 19) in PA und zum Abschluss im Plenum. Lösungen:* **1** *Der Journalist der Zeitschrift „ Grüne Woche" schreibt einen Artikel über eine Umfrage, um die Leser zu informieren.* **2** *Fotomodelle verzichten oft auf Süßigkeiten, um schlank zu bleiben.* **3** *Am „Kauf-Nix-Tag" kauft Frederick nichts, um gegen zu viel Konsum zu protestieren.* **4** *Der Physiklehrer zeigt in der Klasse ein Experiment, damit seine Schüler besser verstehen können.* **5** *Frau Keller näht aus alten Kleidern Taschen, damit ihr Sohn sie dann auf dem Flohmarkt verkauft.* **6** *Leo sucht seine Zahnbürste, um seine Zähne zu putzen.* **7** *Im Urlaub geht Herr Geiziger nie shoppen, um kein Geld auszugeben.* **8** *Claudia jobbt in den Ferien, damit ihr Geld für einen neuen Fotoapparat reicht.* | EA PA PL | |

Seite	Aufgabe Material Verweis	Ablauf	Form	Zeit
S. 16	1a ((•)) 7	Die S schauen sich zuerst die Collage an und beschreiben kurz die Situation. Dann lesen sie still die beiden Fragen und hören den ersten Teil des Gesprächs. Während des Hörens oder danach notieren sie stichwortartig die Antwort auf die erste Frage und nennen sie dem L im Plenum. Anschließend stellen die S Vermutungen zur zweiten Frage an und besprechen sie mit ihrem Partner.	EA PL PA	
	1b ((•)) 8	Die S lesen die Sätze für sich. Der L erklärt die neuen Wörter. Die S schreiben die Sätze in ihr Heft. Dann hören die S den zweiten Teil des Gesprächs. Während des Hörens oder danach nummerieren sie die Themen in der richtigen Reihenfolge. Diese wird im Plenum kontrolliert. Im Anschluss wird die zweite Frage aus 1a beantwortet. *Hinweis: Den Ausdruck* mit jemandem Schluss machen *benutzen Jugendliche, wenn sie sich von ihrem festen Freund/ihrer festen Freundin trennen.* → AB, S. 24 Ü 1	EA PL	
	2	Die S lesen still die Fragen links und die Antworten rechts. In der Klasse werden die neuen Wörter geklärt. Dann ordnen die S den Fragen die passenden Antworten zu. Zur Kontrolle werden die richtigen Lösungen im Plenum genannt. Der L weist auf den Grammatikkasten hin.	EA PL	
	3	Zuerst liest ein S-Paar das Beispiel zu der Vorgabe 1 mit verteilten Rollen vor. Das Paar formuliert dann in der Klasse auch die vollständige Frage und Antwort zu Vorgabe 2. Der L schreibt Fragewort und Präposition in der Antwort an die Tafel, z. B. *Wofür? Für … / Woran? An …* Dann lesen die S still Carlas weitere Antworten und schreiben in Zusammenarbeit mit ihrem Partner Jules Fragen 3–7 in ihr Heft. Dabei achten sie auf das passende Fragewort. Im Anschluss lesen die S zur Kontrolle Fragen und Antworten mit verteilten Rollen vor. *fakultativ: Übungen 2–3 im AB können auch vor Aufgabe 3 im KB gemacht werden, da hier die Präpositionen + Kasus geübt werden.* → AB, S. 24 Ü 2–3	PL PA PL	

⊕ AB, GRAMMATIK

AB S. 25	4	Die S lesen still die E-Mail und ergänzen dann zu zweit die fehlenden Präpositionen. Sie können dabei im KB die Aufgaben 2–3 (Verben mit Präpositionalobjekt) zu Hilfe nehmen. Zur Kontrolle wird anschließend die E-Mail in der Klasse vorgelesen. *fakultativ: Der L schreibt im Anschluss die Verben mit Präposition kurz an die Tafel, z. B. sich streiten mit + Dat. über + Akk. usw. und die S schreiben ab.*	EA/PA PL	
	5a	Die S lesen die E-Mail in Ü 5 noch einmal für sich. In EA beantworten sie dann die Fragen zum Text. Bei Bedarf dürfen sie ihrem Partner helfen. Die Antworten werden im Plenum genannt. *fakultativ: Der L schreibt die Antworten an die Tafel (S. auch fakultativer Zusatz zu Ü 5b).*	EA PL	

	5b	Wie in den Beispielen vorgegeben unterstreichen die S zusammen mit ihrem Partner in den Fragen in Ü 6a die Fragewörter. *fakultativ: Die S rufen dem L die unterstrichenen Fragewörter zu und er schreibt sie neben die Antworten an der Tafel (s. fakultativer Zusatz in Ü 5a), z. B. Mit wem? Mit seinen Eltern/ Worüber? Über sein Taschengeld. usw.* Dann ergänzen die S zu zweit die Tabelle. Zur Kontrolle werden die vollständigen Fragen in der Klasse vorgelesen. Falls auf den fakultativen Tafelanschrieb verzichtet wurde, schreibt der L je eine Frage und Antwort (Ding/Person) an, z. B. *Wofür gibst du Geld aus? Für DVDs. / Auf wen bist du sauer?* Der L weist auch auf den Tipp zur Bildung der Fragewörter bei Übung 6b hin. → AB, S. 25–26 Ü 6–7	PA PL	

S. 17	**4a**	Die S lesen die zwei Aussagen a und b und die SMS für sich. Der neue Wortschatz wird anschließend vom L im Plenum erklärt (z. B. mit Hilfe von Erklärungen aus dem Kontext). In Einzelarbeit stellen sie fest, warum Jule ihrer Freundin Stella schreibt. Die S können ihrem Partner helfen, falls nötig. Dann nennen sie die richtige Aussage in der Klasse.	EA PL	
	4b	Die S lesen die SMS in 4a noch einmal still. Dann lesen sie die Sätze 1 bis 3 und achten dabei auf die markierten Wörter. Mithilfe der SMS ordnen die S nun zu zweit den Pronominaladverbien (die markierten Wörter) die entsprechenden Nomen zu. Zur Kontrolle werden die Lösungen im Plenum besprochen. Der L weist auf den Grammatikkasten hin.	EA PA PL	
	5	Die S lesen zuerst still die „Probesätze". Der L erklärt den neuen Wortschatz. In Zusammenarbeit mit ihrem Partner wählen die S in jedem Satz das richtige Pronominaladverb aus. Zur Kontrolle werden danach die Sätze richtig in der Klasse vorgelesen. → AB, S. 26 Ü 8	EA PA PL	

→ **AB, GRAMMATIK**

AB **S. 26**	**9a**	Die S lesen die E-Mail für sich. Sie umranden die Bezugswörter zu den markierten Wörtern, wie im Beispiel vorgegeben. Im Anschluss können sie mit ihrem Partner kurz vergleichen. Die Lösungen werden dem L genannt.	EA PA PL	
	9b	Die S ergänzen mithilfe der markierten Wörter aus Ü 9a die Tabelle. Die Lösungen werden dann in der Klasse besprochen und die Regel wird von den S erschlossen. Der L schreibt den Hinweis zur Bildung der Pronominaladverbien an die Tafel (*da + auf* → *darauf*) und erläutert, dass bei Präpositionen, die mit Vokal beginnen, ein *r* eingefügt wird. *fakultativ: Der L lässt die Sätze in die Muttersprache übersetzen, damit die Bedeutung der Pronominaladverbien klar wird.* → AB, S. 27 Ü 10–11	EA PL	

→ **AB, SCHREIBTRAINING**

AB **S. 27**	**12**	Die S lesen den Forumstext. Dann schreiben sie den Text in ihr Heft und ersetzen dabei die unterstrichenen Satzteile durch Pronomen. Im Anschluss liest ein S seinen Text in der Klasse vor. Die anderen S und der L korrigieren., falls notwendig.	EA PL	

S. 17	6	Die S arbeiten zu zweit. Sie schreiben den Dialog zwischen Carla und Nick in ihr Heft. Die „Probesätze" von Carla in Aufgabe 5 können als Hilfe dienen. Dann spielen die Paare ihre Dialoge der Klasse vor. Sie beginnen ihren Dialog, wie im Beispiel vorgegeben.	PA PL	

S. 18	7a	Die S lesen zuerst die Fragen der Aufgabe und die Sprechblasen für sich. Der L erklärt den neuen Wortschatz. Im Anschluss notieren die S die Meinungen von Fabio und Jonas und ihre Begründung in ihr Heft. Danach werden die Ergebnisse im Plenum besprochen und die entsprechenden Textstellen vorgelesen. *Hinweis: „würde" wird nur als neues Wort erklärt. Es wird an dieser Stelle noch nicht auf die Grammatik eingegangen. Der L weist ggf. auf die Verbformen im Grammatikkasten hin.*	EA PL	
	7b	Die S lesen still die vorgegebenen Ideen und überlegen, was sie an Nicks Stelle tun würden. Sie können dabei eine der Ideen 1–4 oder auch eine eigene Idee formulieren. Dann äußern sie sich im Plenum darüber. → AB, S. 27 Ü 13	EA PL	

(→) AB, GRAMMATIK

AB S. 28	14a	Die S schauen sich das Situationsfoto an. In Zusammenarbeit mit ihrem Partner lesen sie dann den Dialog und ergänzen die fehlenden Verben in den Lücken. Zur Kontrolle werden die Lösungen in der Klasse besprochen.	PA PL	
	14b	Die S unterstreichen in Ü 15a die Formen von *würde* + Infinitiv und ergänzen zuerst die Tabelle. Der L liest den Hinweis vor. Die S nennen dem L dann die Konjugationsformen von *würde* und er schreibt sie zur Kontrolle an die Tafel. Die S ergänzen nun den Beispielsatz und die Regel. Im Anschluss wird beides in der Klasse vorgelesen. → AB, S. 28 Ü 15–17	EA PL EA PL	

S. 18	8	Die S arbeiten zu zweit. Sie lesen zuerst still die vier Situationen und finden dann gemeinsam Antworten auf die Frage, was sie in diesen Situationen tun würden. Die vorgegebene Antwort dient als Beispiel. Im Anschluss tauschen sich die Paare untereinander mit anderen Paaren aus. Zum Schluss werden im Plenum kurz die Ideen gesammelt.	PA GA PL	
	9a	Die S schauen sich die Bilder A–E an und lesen den Anfang des Artikels für sich. Dann ordnen sie dem Text das passende Bild zu. Die Lösung wird im Plenum besprochen.	EA PL	

S. 19	9b	Die S lesen still den Artikel weiter und ordnen die Bilder aus 9a den Abschnitten 2 bis 4 zu. Die Lösungen werden im Plenum genannt.	EA PL	
	9c	Die S lesen still die Fragen 1–5. Die neuen Wörter in den Fragen werden in der Klasse geklärt. Dann lesen die S den Artikel in 9a und 9b noch einmal für sich und beantworten die Fragen stichwortartig in ihrem Heft. Zur Kontrolle werden die Antworten in der Klasse formuliert. → AB, S. 29 Ü 18–22	EA PL	

	10	Die S lesen die Satzanfänge 1–3 und die Genitive a–c für sich. Mithilfe des Textes in 9a und 9b ordnen sie die Satzteile einander zu. Im Plenum werden die Lösungen besprochen.	EA PL	
	11	Mithilfe der Wörter in den beiden Wortschatzkästen und des Grammatikkastens bilden die S jeweils einen Titel für jeden Textabschnitt 1 bis 4 des Artikels, wie im Beispiel vorgegeben. Sie schreiben die Titel in ihr Heft. Dann lesen sie ihrem Partner die Titel vor und der Partner sagt, zu welchem Abschnitt sie passen. Ein Titel kann dabei auch zu mehreren Abschnitten passen. Der L geht herum und lobt oder hilft, wo nötig. *fakultativ: Der L schreibt einige Titel als Beispiel für die folgende Grammatikarbeit an die Tafel.* → AB, S. 29 Ü 23	EA PA	

→ **AB, GRAMMATIK**

AB S. 30	24 Farbstifte Tafelstifte	Die S verbinden die Satzteile. Die vollständigen Sätze werden zur Kontrolle in der Klasse vorgelesen. Die S ergänzen dann die Grammatiktabelle (wenn möglich in den Artikelfarben). Der L zeichnet inzwischen die Tabelle an die Tafel und ergänzt anschließend in den Artikelfarben die fehlenden Artikel, die ihm die S nennen. Er weist zum Schluss auf den Hinweis hin. → AB, S. 30 Ü 25–26	EA PL	

S. 19	12	Die S äußern sich in Gruppenarbeit spontan zu den Fragen. Es entwickelt sich ein freies Gespräch. Die Gruppen präsentieren ihre Ergebnisse dann im Plenum.	GA PL	

	Kopiervorlage	*fakultativ: Die S ergänzen die Lücken im Dialog mit* davon, darüber, über *oder* daran. *Lösung: **1** davon **2** darüber **3** darüber **4** darüber **5** über **6** daran **7** Dafür **8** Daran **9** darüber **10** dafür*		

LANDESKUNDE				
S. 20	1a	Die S schauen sich zu zweit die Deutschlandkarte an und lesen danach die Sätze 1–7. Anhand der Landkarte entscheiden sie, was richtig oder falsch ist. Zur Kontrolle präsentieren zwei S ihre Ergebnisse in der Klasse. Die anderen S korrigieren ggf.	PA PL	
	1b	Mithilfe der Landkarte korrigieren die S im Plenum die falschen Aussagen in 1a.	PL	
	2a	Die S werden in 4er-Gruppen eingeteilt. Im Internet suchen die Gruppen die entsprechenden Informationen zu Österreich und der Schweiz. Sie machen sich Notizen und berichten dann in der Klasse darüber. Der L schreibt evtl. zur Kontrolle die richtigen Antworten an die Tafel. *alternativ: Die S recherchieren die Informationen und bereiten eine visuelle Präsentation in Form eines Tafelbildes, eines Plakates, einer Power-Point-Präsentation oder Ähnlichem vor, die sie dann in der Klasse vorstellen.*	GA PL	
	2b	Die S besprechen im Plenum die Situation in ihrem Heimatland: Gibt es ein den deutschen Bundesländern vergleichbares System? Wenn ja, wie ist es organisiert (Anzahl, Benennung, Hauptstädte)?	PL	

		LESEN		
S. 21	**3**	Die S lesen still den Text. Sie notieren beim Lesen diejenigen Stellen im Text in ihr Heft, die der Beantwortung der Frage dienen. Danach sagen sie dem L, bei welchen Themen es Unterschiede zwischen den Bundesländern gibt, und der L schreibt sie stichwortartig an die Tafel. *fakultativ: Hier kann an 2b angeknüpft werden, indem man diese Informationen zu einem Vergleich mit dem eigenen Land heranzieht.*	EA PL	
	4a	Die S schauen den Ferienkalender an und fassen im Plenum zusammen, welche Ferien es gibt und wie lange sie dauern. Der L kann an der Tafel die wichtigsten Informationen festhalten.	EA PL	
	4b	Die S arbeiten zu zweit. Sie lesen die E-Mail und beantworten anschließend die Fragen dazu. Sie notieren die Textstellen in ihr Heft, die für die Beantwortung der Fragen wichtig sind, und vergleichen mit dem Ferienkalender in 4a. *fakultativ: Die S können ggf. zusätzlich überlegen, wann Hendrik und Andreas zusammen wegfahren können.* Zum Schluss werden die Fragen im Plenum beantwortet und mit den entsprechenden Textstellen begründet.	PA PL	
	5	Die S schreiben zu zweit eine Tabelle in ihr Heft mit zwei Spalten (Gemeinsamkeiten/Unterschiede) und ergänzen sie stichwortartig. Im Anschluss findet ein Gespräch auf Deutsch statt, wobei die S im Plenum die Ferien in Deutschland mit denen in ihrem Land vergleichen.	PA PL	

		WEISST DU NOCH?		
S. 24	**1a** ⠀(( ))) 9	Die S beschreiben zuerst die Situation auf dem Bild rechts, dann hören sie den ersten Teil des Interviews. Danach werden die zwei Fragen im Plenum beantwortet.	EA PL	
	1b ⠀(( ))) 10	Die S lesen zuerst still die Fragen der Aufgabe. Dann hören sie den zweiten Teil des Interviews und notieren beim Hören oder danach stichwortartig die Antworten. Zur Kontrolle werden anschließend die Antworten in der Klasse genannt.	EA PL	
	2a	Jeder S schreibt die vier Tätigkeiten in der Reihenfolge, in der er sie morgens ausführt, in sein Heft.	EA	
	2b	Die S werden in 4er-Gruppen eingeteilt. Anhand von 2a berichtet jeder S den anderen Gruppenmitgliedern, was er morgens macht. Er verwendet dabei die vorgegebenen Redemittel. Zum Schluss stellen die S fest, wer in der Gruppe die Dinge in derselben Reihenfolge macht. Der L geht herum, hört zu und korrigiert, wo nötig.	GA	
	2c	In der Gruppe machen jetzt die S eine ähnliche Aufgabe wie in 2a, aber für Aktivitäten, die sie nachmittags ausüben. Dabei können sie die Verben unten auf der Seite benutzen. Danach tauschen sie die Aufgabe mit einer anderen Gruppe und machen weiter wie in 2b. Der L geht herum und hört zu.	GA	
	3	In Zusammenarbeit mit ihrem Partner erfinden die S einen verrückten Tag. Sie machen sich dazu Notizen und verwenden dabei Redemittel aus der Tabelle. Anschließend erzählen sie der Klasse, wie ihr verrückter Tag abläuft.	PA PL	

Seite	Aufgabe Material Verweis	Ablauf	Form	Zeit
S. 25	1	Die S überlegen sich, was sie schon über Sofie, die als Protagonistin bereits aus der A2-Stufe bekannt ist, wissen, und erzählen in der Klasse davon.	PL	
	2	Die S schauen sich die Bilder und die Texte an der Pinnwand an. Dann stellen sie in der Klasse Vermutungen über Sofies Interessen an. Außerdem äußern sie sich darüber, was Sofie vorhaben könnte. Es entwickelt sich ein freies Gespräch.	PL	
	3	Die S berichten frei in der Klasse über ihre eigene Pinnwand (falls vorhanden) und was daran hängt. Der L hilft ggf. mit den Formulierungen.	PL	
S. 26	1a ⏵)) 11	Zuerst schauen sich die S die Collage an. Dann hören sie die Hörszene. Im Plenum sagen die S anschließend, warum Sofie sich so freut.	EA PL	
	1b	In Zusammenarbeit mit ihrem Partner lösen die S das Hamburg-Quiz. Zur Kontrolle vergleichen sie dann mit der Deutschlandkarte auf der inneren Umschlagseite vorne. Die Lösungen des Quiz werden dann in der Klasse genannt. → AB, S. 35 Ü 1	PA PL	
	2a	Zuerst liest ein S die Sätze 1 bis 4 vor. Der neue Wortschatz wird vom L im Plenum erklärt (z. B., indem er Bilder zu den Nomen zeigt). Dann notieren die S die Schlüsselwörter aus den Sätzen 1 bis 4 und lesen im Anschluss die Anzeigen A bis E für sich. Sie notieren die lösungsrelevanten Textstellen in ihr Heft und ordnen die Anzeigen den Personen zu. Die Lösungen werden in Kleingruppen (4 S) besprochen, wobei die S sie mit den entsprechenden Textstellen begründen. Der L geht herum und hört zu. Zum Schluss präsentiert eine Gruppe ihre Ergebnisse im Plenum, die anderen S korrigieren ggf.	PL EA GA PL	
S. 27	2b	Die S in den 4er-Gruppen lesen die Anzeigen in 2a noch einmal. Dann lesen sie auch die beiden Notizzettel. Die Gruppen entscheiden sich bei jedem Notizzettel für eine Veranstaltung, die sie gern besuchen möchte. Die Gruppenmitglieder besprechen auch den Grund dafür. Danach nennen und begründen die Gruppen in der Klasse ihre Entscheidung, wie im Beispielsatz vorgegeben. Die Erklärung im Tipp hilft bei der Formulierung → AB, S. 36–37 Ü 2–4	GA PL	
	3	Die S lesen die E-Mail für sich. Der L weist auf den Tipp hin. Danach sagen sie in der Klasse, was Sofie tun sollte. Sie verwenden dazu den vorgegebenen Satzanfang mit dem Konjunktiv II *sollte*. *fakultativ: Der L schreibt die in der E-Mail vorkommenden Konjugationsformen von sollte an die Tafel. Die S notieren die Ratschläge mit sollte in ihr Heft.*	EA PL	
	4a	Die S schauen sich zuerst die Bilder der verschiedenen Personen an und lesen die dazugehörigen Informationen. Der L präsentiert kurz die Personen auf den Fotos und erklärt die Aufgabenstellung. Die S sammeln zu zweit Ideen. Dann notieren sie zu jedem Bild, was die Personen in ihrer Region oder Stadt machen könnten. Der L geht herum und hilft, wo nötig.	PA	
	4b	Mithilfe ihrer Notizen aus 4a überlegen sich die S zu zweit, welche Tipps sie den Personen geben wollen. Dabei verwenden sie die Anredeform, die zum jeweiligen Bild passt *(du solltest / ihr solltet / Sie sollten)*. Der L weist auf den Grammatikkasten hin. Dann formulieren sie ihre Vorschläge in der Klasse.	PA PL	

		Hinweis: Die Formen von sollte- sind bereits bekannt, sie sind identisch mit dem *Präteritum.* *fakultativ: a) Der L schreibt zu jedem Bild einen Tipp an die Tafel.* *b) Wenn in Aufgabe 3 der fakultative Schritt gemacht wurde, kann* *die Konjugation von* sollte- *mit den Formen im Grammatikkasten* *ergänzt werden.*	PA PL	

→ **AB, GRAMMATIK**

AB **S. 38**	**5a**	Zuerst lesen die S die Situationen A–E und dann die Ratschläge 1–5 für sich. Sie ordnen dann die Ratschläge den entsprechenden Situationen zu. Zur Kontrolle werden die Lösungen im Plenum besprochen.	EA PL	
	5b	Die S unterstreichen in Ü 5a die Konjunktiv II-Formen von *sollen*. Dann ergänzen sie die Tabelle. Der L schreibt inzwischen die Konjugationstabelle wie im AB an die Tafel. Zur Kontrolle nennen die S dem L die fehlenden Verbformen und er ergänzt die Tabelle. Dann weist er auf den Tipp im AB hin. → AB, S. 39 Ü 6–7	EA PL	

→ **AB, SCHREIBTRAINING**

AB **S. 39**	**8a**	Ein S liest die Situation vor. In der Klasse erläutert der L, dass eine halb-formelle E-Mail geschrieben werden muss. Im Anschluss geht er auf die Inhaltspunkte / Sprachhandlungen ein, die bearbeitet werden sollen *(Entschuldige dich ... / berichte ...)*.	PL	
	8b	Die S lesen die drei Anreden für sich und kreuzen dann die passende an. Im Plenum wird die Lösung dem L genannt. *Hinweis: Die Anrede mit* Hallo *und dem Vornamen wäre zu persönlich für diesen Kontext.* Hi *benutzen Jugendliche nur zur Begrüßung unter sich.*	EA PL	
	8c	Wie in Ü 8b lesen die S still die Vorgaben und kreuzen die richtige Einleitungsform an. Dann nennen sie sie dem L.	EA PL	
	8d	Die S lesen die drei Grußformeln für sich, kreuzen die der Situation entsprechende an und rufen sie dem L zu. *Hinweis: Auf Wiedersehen wird nur in der gesprochenen Kommunikation benutzt.* Gruß *ist eher eine Kurzform von* Viele Grüße *und von daher eher in SMS o. Ä. zu finden.*	EA PL	
	8e	Die S schreiben eine E-Mail mit den entsprechenden Vorgaben aus Ü 8b–d in ihr Heft. Der L sammelt die E-Mails ein und korrigiert individuell.	EA	

S. 28	**5a** ((•)) 12	Die S lesen still die Fragen. Die Bedeutung der neuen Wörter wird von den S er-schlossen. Dann hören sie den ersten Teil der Hafenrundfahrt und beantworten die Fragen stichwortartig in ihrem Heft. Anschließend werden die Lösungen im Plenum besprochen.	EA PL	
	5b ((•)) 13	Die S schauen sich die Bilder von der Hafenrundfahrt an. Dann hören sie Teil 2 des Hörtextes. Während des Hörens notieren sie die Reihenfolge der Stationen und nennen sie dann zur Kontrolle dem L.	EA PL	
	5c ((•)) 13	Die S lesen die Aufgaben 1–3 für sich. Der L erklärt den neuen Wortschatz. Dann hören die S Teil 2 des Hörtextes noch einmal. Nach dem Hören nennen sie die richtigen Antworten im Plenum. → AB, S. 39–40 Ü 9–12	EA PL	
	6a	Die S schauen sich die Fotos von der Klassenfahrt an und lesen dann die Texte 1–4 still. Anschließend ordnen sie den Texten die passenden Bilder zu. Zur Kontrolle werden die Lösungen in der Klasse besprochen und begründet. Der L erklärt dabei den neuen Wortschatz.	EA PL	

S. 29	6b	Die S lesen die Texte noch einmal. In Zusammenarbeit mit ihrem Partner machen sie sich Notizen zu den Personen, indem sie z. B. für jede Person einen Wortigel in ihr Heft zeichnen. Zur Kontrolle zeichnet der L ebenfalls einen Wortigel für jede Person an die Tafel und er schreibt die Informationen, die ihm die S zurufen, daran. Die S formulieren die Informationen auf Deutsch in ganzen Sätzen. *fakultativ: Der L kann den S weitere Fragen zu den Texten stellen und sie antworten mündlich darauf.*	PA PL	
	6c	Ein S liest die Sätze 1–4 vor. Der unbekannte Wortschatz wird vom L erklärt. Die S notieren dann in Zusammenarbeit mit ihrem Partner die bedeutungs-gleichen Stellen aus den Texten von 6a und vergleichen sie mit den Sätzen 1–4. Zur Kontrolle liest anschließend jeweils ein Paar dem L die entsprechenden Textstellen vor. Die Bedeutung von *bevor* bzw. *während* wird dabei anhand des Kontextes von den S erschlossen und im Plenum kurz zusammengefasst.	PL PA PL	
	6d	Die S schauen sich die Bilder an. Anhand der Textstellen zu Satz 1 und 3 in 6c ergänzen sie zu zweit die Satzanfänge. Die S fassen dann im Plenum zusammen, was gleichzeitig bzw. nicht gleichzeitig passiert. Der L weist auf den Grammatik-kasten und die Bedeutung der Konjunktionen *bevor* und *während* hin. → AB, S. 40–41 Ü 13–14	PA PL	

→ **AB, GRAMMATIK**

AB S. 41	15a	Die S schauen sich die Bilder an und lesen still die Sätze. Danach ordnen sie den Sätzen die passenden Bilder zu. Sie können ihrem Partner dabei helfen, wenn nötig. Die Ergebnisse werden kurz in der Klasse besprochen.	EA PL	
	15b	Die S schauen sich die Bilder in Ü 15a an und erschließen, was gleichzeitig bzw. nicht gleichzeitig passiert. Sie ergänzen entsprechend A oder B. Sie können ihrem Partner dabei helfen, wenn nötig. Die Lösungen werden im Plenum besprochen.	EA PL	
	15c	Die S schreiben den fehlenden Satz aus Ü 15a in das erste Schema. Zur Kontrolle zeichnet der L ein entsprechendes Schema an die Tafel und schreibt den Satz, der ihm von den S genannt wird, hinein. Dann ergänzen die S das zweite Schema. Zur Kontrolle wird auch dieses Schema an die Tafel geschrieben. Schließlich ergänzen die S in der Regel und sie wird vollständig in der Klasse vorgelesen. → AB, S. 42 Ü 16–17	EA PL EA PL	

S. 29	7 Schere	Die S werden in 4er-Gruppen eingeteilt. Jedes Mitglied der Gruppe schreibt einen Nebensatz mit *bevor* und einen mit *während* auf jeweils einen Zettel und ergänzt jeden Nebensatz mit einem passenden Hauptsatz. Das Subjekt ist immer *ich*. Dann werden die Sätze zerschnitten, wie im Beispiel vorgege-ben. Auf dem Gruppentisch liegen insgesamt 16 Satzteile (4 Teile pro S). Die S kombinieren nun die Satzteile anders miteinander. So entstehen neue Sätze. Die S lesen dann einzelne Sätze in der Klasse vor. *fakultativ: Der L schreibt einige lustige Beispiele an die Tafel.*	GA PL	

	Kopiervorlage	*fakultativ: Ein S liest die Situation vor und der L erklärt die Aufgabe. Die S schreiben eine halbformelle E-Mail zu der beschriebenen Situation. Sie verwenden dabei die Redemittel aus dem Schreibtraining (AB, S. 39 Ü8). Sie kontrollieren zusammen mit ihrem Partner. Der L geht umher und hilft. Zum Schluss lesen einige S ihre E-Mail im Plenum vor.*	PL EA PA PL	

Seite	Aufgabe Material Verweis	Ablauf	Form	Zeit
S. 30	**1**	Die S schauen sich das Foto an und beschreiben es im Plenum. Der L kann dazu ein paar Leitfragen stellen: *Wo ist Sofie? Was macht sie? Wie fühlt sie sich?*	PL	
	2a ◀)) 14	Die S lesen die Frage und die drei möglichen Antworten. Sie erschließen die Bedeutung der neuen Wörter mithilfe der Illustration und des Kontextes. Der L hilft dabei. Anschließend hören sie den Anfang des Gesprächs. Während des Hörens oder danach notieren sie in ihr Heft, welche der Antworten richtig ist. In der Klasse wird zum Schluss die richtige Antwort genannt.	EA PL	
	2b ◀)) 15	Die S lesen zuerst die Aussagen 1–7 für sich. Wo nötig, wird neuer Wortschatz vom L erklärt. Nun hören die S das ganze Gespräch und notieren während des Hörens oder danach in ihr Heft, zu wem die Aussagen passen. Zur Kontrolle werden im Anschluss die Lösungen im Plenum genannt. → AB, S. 45 Ü 1–2	EA PL	
	3	Die S äußern sich auf Deutsch im Plenum darüber, warum sich Sofie im gehörten Gespräch so über Elias aufregt und ergänzen eigene Vermutungen zu zweit. Sie benutzen dabei die vorgegebenen Redemittel. Der L weist auf den Grammatikkasten hin. Die S können auch noch eigene Begründungen ergänzen, eingeleitet mit einem *weil*-Nebensatz oder der kausalen Präposition *wegen*. → AB, S. 45 Ü 3–4	PA PL	

→ **AB, GRAMMATIK**

AB S. 46	5a	Die S ordnen die Aussagen den jeweiligen Bildern zu. Im Plenum werden dann die Ergebnisse kurz besprochen.	EA PL	
	5b Farbstifte Tafelstifte	Die S unterstreichen in Ü 5a die Satzteile mit *wegen*, wie im Beispiel vorgegeben, und ergänzen die Tabelle. Sie verwenden dazu die Artikelfarben. Der L zeichnet ebenfalls eine Tabelle wie im AB an die Tafel und ergänzt in den Artikelfarben die Artikel, die ihm die S zurufen. Die S ergänzen dann die Regel und nennen die Lösung im Plenum. Anschließend weist der L auf den Grammatiktipp hin. → AB, S. 46 Ü 6	EA PL	

S. 30	4	Die S lesen die Situationen im Schüttelkasten. Dann sprechen sie in 3er-Gruppen darüber, ob diese Situationen für sie Grund zur Aufregung sind oder nicht und erklären ihre Position in einem weiteren Satz. Die S bilden die Sätze mit *wegen* und *Konjunktiv II*. Als Modell kann zuerst im Plenum ein Beispieldialog gebildet werden. Der L geht dann herum, hört zu und korrigiert, wo nötig.	GA	

S. 31	5	Die S arbeiten zuerst zu zweit. Sie lesen die Fragen und äußern ihre Meinung. Im Anschluss stellt der L die Fragen im Plenum und fasst das Meinungsbild der Klasse zu diesem Thema zusammen. → AB, S. 46–47 Ü 7–9	PA PL	

	6a	Zu zweit schauen sich die S die Fotos an und bringen sie in eine logische Reihenfolge. Die S denken sich eine Geschichte dazu aus. Sie beginnen wie in der Aufgabe vorgegeben und machen sich weitere Notizen dazu in ihr Heft. Anschließend erzählen sie die Geschichte frei in der Klasse.	PA PL	
	6b	Die S sagen in ihrer Muttersprache in der Klasse, wie die Geschichte weitergehen könnte.	PL	
	7 ⏺ 16	Die S lesen zuerst still die drei Aussagen. Der L erklärt auf Deutsch, was ein *Tierheim* ist. Dann hören die S die Hörszene. Während des Hörens oder danach notieren sie, ob die Aussagen richtig oder falsch sind. Zur Kontrolle nennen sie dann dem L die Lösungen.	EA PL	
	8	Die S lesen die E-Mail und die Satzteile. Falls nötig, werden die unbekannten Wörter geklärt. Dann ordnen sie den Satzanfängen 1–5 die passenden Teile a–e zu. Anschließend werden die vollständigen Sätze in der Klasse vorgelesen.	EA PL	

S. 32	**9**	Die S lesen die zwei Satzhälften. In der E-Mail von Aufgabe 8 suchen sie die entsprechenden Aussagen und ergänzen dann die Sätze. Die vollständigen Sätze werden in der Klasse vorgelesen. Die Bedeutung von *zwar … aber* wird von den S anhand des Kontextes erschlossen. → AB, S. 47 Ü 10	EA PL	
	10	Die S schauen sich die Bilder der Tiere an. Ein S liest die Tiernamen vor und der L achtet auf die Aussprache. Dann lesen die S die Ausdrücke im Schüttelkasten und der L verweist auf den Grammatikkasten. Auf Aufforderung des L äußert sich ein S in der Klasse darüber, welches Haustier er gern hätte und warum das nicht geht. Der L hilft und korrigiert ggf. Danach arbeiten die S zu zweit. Der L geht herum, hilft und achtet auf die richtige Verwendung von *zwar … aber*. Am Ende stellen die Paare je einen Beispielsatz im Plenum vor. → AB, S. 48 Ü 11–13	PA PL	

→ **AB, GRAMMATIK**

AB S. 48	**14a**	Die S lesen zuerst still die Satzanfänge 1–3 und verbinden sie dann mit den passenden Satzhälften rechts. Zur Kontrolle werden die vollständigen Sätze in der Klasse vorgelesen. Die S sprechen im Plenum über die Frage in der Sprechblase.	EA PL	
	14b	Die S tragen den Satz 1 aus Ü 14a in das Schema ein. Zur Kontrolle zeichnet der L auch das Schema an die Tafel und lässt von einem S den Satz in das Schema eintragen. Im Anschluss unterstreichen die S das passende Wort, ergänzen die Regel und lesen sie vor. Der L weist auf den Grammatiktipp hin. → AB, S. 48 Ü 15	EA PL	

S. 32	**11a**	Die S lesen die vier Überschriften und den Artikel. Bei Bedarf erklärt der L neuen Wortschatz. Sie ordnen dann den Überschriften die passenden Textabschnitte zu. Die S vergleichen ihre Ergebnisse zunächst in Partnerarbeit. Ein Paar präsentiert die Lösungen in der Klasse und begründet sie, anhand von Textstellen. Die anderen S bzw. der L kontrollieren.	EA PA PL	

S. 33	**11b** Kopie der Tierfotos mit Benennung (S. 32)	Die S werden zuerst in 4er-Gruppen eingeteilt, z. B. findet jedes Paar ein weiteres Paar, indem Tierfotos der Tiere in Aufgabe 10 in zwei Teile geschnitten und Text und Bild zugeordnet werden. Dann wird das Fragespiel durchgeführt, s. Spielanleitung LHB S. 41.	GA PL	

| | | 11c | Die S lesen die Hauptsätze 1–4 und die Relativsätze a–d rechts. Mithilfe des Textes in Aufgabe 11a ordnen sie die passenden Satzhälften einander zu. Zur Kontrolle werden die vollständigen Sätze vorgelesen. Der L verweist auf den Grammatikkasten mit den Relativpronomen im Nominativ. | EA PL | |

(→) **AB, GRAMMATIK**

AB S. 49	16a	Die S ergänzen die fehlenden Verbformen und lesen dann zur Kontrolle die vollständigen Sätze vor. Die S können ihrem Partner helfen, wenn nötig.	EA PL	
	16b	Die S lesen Satz 1 aus Ü 16a und ergänzen den Relativsatz im Nominativ. Sie lesen die Regel, unterstreichen, was richtig ist, und nennen dem L die Lösungen.	EA PL	
	16c	Die S lesen noch einmal die Sätze aus Ü 16a. Sie zeichnen einen Pfeil zu dem Nomen, auf das sich das Relativpronomen bezieht. Im Plenum werden die relevanten Nomen genannt.	EA PL	
	16d	Die S ergänzen die Tabelle in den Artikelfarben. Der L zeichnet diese Tabelle an die Tafel. Die S nennen ihm zur Kontrolle die fehlenden Relativpronomen und der L ergänzt an der Tafel. Dann ergänzen die S zusammen mit dem L die Regel. → AB, S. 49 Ü 17	EA PL	

S. 33 AB S. 96 / 98	12	Die S arbeiten zu zweit. S1 arbeitet mit Seite 96 und S2 mit Seite 98. a) Jeder S ergänzt für sich die Sätze mit den fehlenden Relativpronomen im Nominativ. Der Artikel am Anfang des Satzes hilft dabei. Der L geht herum und hilft, wo nötig. b) Die S sprechen jetzt miteinander wie in den Beispieldialogen vorgegeben. Ihr Ziel ist es, die Tiere ihres Partners in ihrer Liste zu ergänzen. S1 fängt an und fragt nach einem Tier wie im Beispiel vorgegeben. S2 antwortet mit einem Relativsatz usw. Das Ratespiel endet, wenn beide S alle Tiernamen in ihrer Liste ergänzt haben. Der L geht herum, hört mit und achtet auf die richtige Verwendung der Relativpronomen.	EA PA	
	13	Die S lesen die Forumsbeiträge für sich. In Zusammenarbeit mit ihrem Partner stellen sie Vermutungen darüber an, welche Tiere gemeint sind und notieren die passenden Tiernamen in ihr Heft. Zur Kontrolle werden die Lösungen im Plenum genannt und, wo nötig, neuer Wortschatz erklärt. Der L weist auf den Grammatikkasten und die Formen des Relativpronomens im Akkusativ hin.	EA PA PL	

(→) **AB, GRAMMATIK**

AB S. 50	18a	Die S lesen den ersten Satz und ergänzen unten den Relativsatz im Akkusativ. Die S ergänzen so auch den Relativsatz im Dativ nach dem gleichen Muster. Im Plenum werden die Relativsätze vorgelesen. Erst dann lesen die S den ganzen Text.	EA PL	
	18b	Die S unterstreichen alle Relativsätze in 18a. Dann ergänzen sie die Tabelle. Der L zeichnet die Tabelle an die Tafel und bittet einzelne S nach vorne zu kommen und je einen Satz in die Tabelle zu schreiben. Die anderen S und der L kontrollieren. Die Regel wird ergänzt und zur Kontrolle vorgelesen. Der L weist auf den Grammatiktipp hin. → AB, S. 51 Ü 19–20	PA PL	

| S. 33 | 14 | In Zusammenarbeit mit ihrem Partner und mithilfe von AB Ü 18 ergänzen die S in ihrem Heft zu den Lücken die passenden Relativpronomen. Zur Kontrolle werden dem L die Lösungen genannt. | PA PL | |
| | 15 | Die S sprechen im Plenum darüber, welche Tiere an ihrem Wohnort leben. Dann schreiben sie einen eigenen Beitrag für das Forum nach dem Muster der bereits vorhandenen Beiträge. Einige S lesen ihren Text im Plenum vor. Der L und die anderen S korrigieren. | PL EA | |

| | Kopiervorlage | fakultativ: Die S lesen die Sätze und entscheiden zuerst nur, ob der Relativsatz im Nominativ, Dativ oder Akkusativ stehen muss. Erst dann ergänzen sie die Relativsätze in den Lücken. Der L geht herum und hilft. Zum Schluss wird im Plenum verglichen. Der L regt an, dass sich die S untereinander helfen. *Lösung: **1** Akkusativ; Das Lieblingstier von Bill Kaulitz ist sein Hund, den er Scotty genannt hat. **2** Nominativ; Kennst du das Mädchen, das gerade mit Fabio spricht? **3** Nominativ; Diese komische Geschichte hat uns ein Kind erzählt, das Moritz heißt. **4** Nominativ; Herr Schneider, der immer eine bunte Krawatte trägt, ist unser Mathelehrer. **5** Dativ; Der Junge da, dem Sofie gefällt, ist mein bester Freund. **6** Dativ; Die Touristen, denen deutsches Essen sehr gut schmeckt, kommen aus Spanien. **7** Dativ; Die Frau mit dem Minirock, der das teure Motorrad gehört, ist unsere Englischlehrerin.* | EA PL | |

Seite	Aufgabe Material Verweis	Ablauf	Form	Zeit
S. 34	1a	Die S schauen sich das Bild an und lesen die Sprechblase dazu. Der L erklärt das Verb *sich anmelden zu + Dativ*. Dann liest ein S die Einladung vor und die S beantworten im Plenum die Frage. Der neue Wortschatz wird vom L erklärt (z. B. mit Hilfe des Kontexts und durch die Bilder im Text).	EA PL	
	1b	Die S lesen die Einladung in Aufgabe 1a noch einmal für sich. Der neue Wortschatz wird, wo nötig, vom L erklärt. Die S notieren ca. fünf Fragen zum Einladungstext in ihr Heft. Danach sprechen sie mit ihrem Partner und fragen und antworten abwechselnd. Der L geht währenddessen herum und hilft, wenn nötig. → AB, S. 54 Ü 1–2	EA PA	
	2a	Zuerst lesen die S den Fragebogen. Der neue Wortschatz wird vom L in der Klasse erklärt. Anhand der vorgegebenen Beispielsätze und mithilfe des Grammatikkastens lösen die S dann die Aufgabe, indem sie die direkten Fragen in indirekte Fragen mit Fragewort bzw. *ob* umformulieren. *Hinweis: Die indirekten Fragen mit Fragewort sind bereits bekannt, neu sind die indirekten Fragen mit der Konjunktion* ob.	EA PL	

Seite	Aufgabe Material Verweis	Ablauf	Form	Zeit
S. 35	2b	Die S lesen still die Vorgaben im Kasten. In Zusammenarbeit mit ihrem Partner schreiben die S dann fünf oder sechs weitere Fragen (Satzfragen und Wortfragen) für den Fragebogen auf. Sie können dafür die Vorgaben im Kasten verwenden und auch eigene Fragen formulieren. Der L geht herum und hilft, wo nötig.	PL PA	
	2c	Jedes Paar stellt in der Klasse einige Fragen für den Fragebogen vor, indem die S wie im Beispiel ihre direkten Fragen aus 2b in indirekte umformulieren. Beim Formulieren der Fragen wechseln sich die S ab. Der L korrigiert, wo nötig. → AB, S. 54–55 Ü 3–5	PL	

⊙ **AB, GRAMMATIK**

Seite	Aufgabe Material Verweis	Ablauf	Form	Zeit
AB S. 55	6a	Zuerst schauen sich die S das Foto an und lesen still den Dialog. Dann lesen sie auch die Satzhälften 1–3 und a–c und ordnen sie einander zu. Die S können dabei ihrem Partner helfen, wenn nötig. Zur Kontrolle werden die vollständigen Sätze vorgelesen.	EA PL	
	6b	Die S schreiben die vollständigen Sätze in das Schema. Zur Kontrolle schreibt der L ein entsprechendes Schema an die Tafel. Ein S kommt an die Tafel und ergänzt wie im AB. Der L weist auch auf den Tipp hin.	EA PL	
	6c	Die S lesen still die Regel im Kasten, kreuzen entsprechend an und ergänzen. Dann wird zur Kontrolle die vollständige Regel vorgelesen. → AB, S. 55–56 Ü 7–8	EA PL	

⊙ **AB, SCHREIBTRAINING**

Seite	Aufgabe Material Verweis	Ablauf	Form	Zeit
AB S. 56	9	Die S lesen die E-Mail. Dann schreiben sie die E-Mail mit indirekten Fragen. Die S vergleichen ihre Lösungen mit ihrem Partner. Der L verweist auf den Tipp. Im Anschluss liest ein S seine E-Mail in der Klasse vor. *fakultativ: Für schwächere Lerner können vor dem Schreiben die Stellen identifiziert werden, die umgeformt werden sollen.*	EA PA PL	

S. 35	**3a**	Die S lesen zuerst die Überschriften. Dann lesen die S den Artikel für sich und ordnen die Überschriften den Abschnitten zu. Der L erklärt den unbekannten Wortschatz. Zur Kontrolle werden die Lösungen im Plenum besprochen. Dabei begründen die S ihre Meinung anhand der entsprechenden Textstellen.	EA PL
	3b	Die S lesen den Artikel in 3a noch einmal und die Aufgaben 1–3. Der L erklärt die Bedeutung der unbekannten Wörter in den drei Aufgaben. Danach kreuzen die S die richtige Lösung an. Sie können mit ihrem Partner vergleichen, bevor die Lösungen im Plenum genannt und mit den entsprechenden Textstellen begründet werden. → AB, S. 56–57 Ü 10–11	EA PL

S. 36 ◖))) 17	**4**	Zuerst lesen die S still die Aussagen 1–3. Das Wort *Rezept* wird von den S im Plenum aus dem Kontext (z. B. durch Verweis auf das Rezept in 5a) erschlossen. Dann hören die S das Interview. Sie notieren, ob die Aussagen richtig oder falsch sind. Zur Kontrolle hören sie dann das Interview noch einmal. Im Anschluss werden die Lösungen im Plenum genannt.	EA PL
	5a	Die S schauen sich die Bilder A–F an und lesen dann Sofies Rezept für sich. In Zusammenarbeit mit ihrem Partner bringen sie dann die Bilder in die richtige Reihenfolge. Zur Kontrolle werden die Ergebnisse in der Klasse besprochen. Die unbekannten Ausdrücke oder Wörter in den Texten, die zu den Bildern passen, werden von den S erschlossen und im Plenum verglichen.	EA PA PL •
	5b	Die S schauen sich in 5a das Foto zum Rezept an und entscheiden zusammen mit ihrem Partner, welche Aussage richtig ist. Anschließend nennen sie dem L die Lösung. Zum Schluss wird, wenn nötig, der unbekannte Wortschatz in der Klasse geklärt. Der L verweist auf den Grammatikkasten. *fakultativ: Der L fragt die S, ob sie dieses Gericht kennen oder ob es in ihrem Land ein ähnliches Gericht gibt.* → AB, S. 57 Ü 12–13	PA PL

⊙→ **AB, GRAMMATIK**

AB S. 58	**14a**	Die S lesen still den Dialog und die Einkaufsliste dazu und ergänzen die fehlenden Nomen. Zur Kontrolle wird der Dialog vorgelesen.	EA PL
	14b	Die S sagen Im Plenum, was Annikas Mutter nicht einzukaufen braucht, und streichen es aus der Liste in Ü 14a.	PL EA
	14c Farbstifte Tafelstifte	Die S unterstreichen in Ü 14a die Adjektive, wie im Beispiel vorgegeben, und ergänzen dann in den Artikelfarben die Tabelle. Der L zeichnet ebenfalls die Tabelle an die Tafel. Zur Kontrolle werden die richtigen Lösungen in der Klasse besprochen und der L trägt sie in die Tabelle ein.	EA PL
	14d	Die S lesen still die Regel und unterstreichen, was richtig ist. Im Anschluss wird die Regel vorgelesen. → AB, S. 58 Ü 15	EA PL

S. 36	**6** Softball	Drei S lesen zuerst mit verteilten Rollen die Beispielaussagen vor. Der L weist darauf hin, dass die S auf die Adjektivendungen besonders achten sollen und verweist dazu auf die Markierungen in Artikelfarben im Grammatikkasten. Dann macht die Klasse das Kettenspiel (Spielanleitung s. LHB S. 41). *fakultativ: Die Klasse sammelt vor der Kettenübung an der Tafel mögliche Nomen und Adjektive zum Thema „Essen", die sie in der Kettenübung verwenden können.*	KÜ

		7	Die S lesen die vorgegebenen Wörter in den drei Kästen. Der L erklärt, wenn nötig, die neuen Wörter und weist auf den Tipp zur Formulierung eines Rezepts hin. Mithilfe der Wörter in den Kästen und des Rezepts aus 5 schreiben die S das Rezept eines Gerichtes aus ihrem Land. *fakultativ: Nachdem der L die Rezepte korrigiert hat, werden sie an die Pinnwand der Klasse gehängt.* → AB, S. 59 Ü 16–18	PL	
S. 37		8a	Die S schauen sich zuerst die Übersicht unter 8c zur Erstellung einer Präsentation an. Diese orientiert sich an der Vorlage der Prüfung „Goethe-Zertifikat B1 für Jugendliche". Die Schüler lesen in der mittleren Spalte die fünf Folien mit den Unterthemen der Präsentation zum Thema „Kochunterricht in der Schule". Die Arbeitsaufträge in der linken Spalte („Was muss ich tun?") helfen bei der Stoffsammlung für die Unterthemen. Dann werden die S in 5er-Gruppen eingeteilt. Die Gruppen sammeln nun stichwortartig Informationen zu den fünf Unterthemen und notieren sie. Der L geht herum und hilft dabei.	GA	
		8b	Die S bereiten jetzt ihre Präsentation in der Gruppe vor, indem sie mithilfe der Redemittel in der rechten Spalte der Übersicht („Wie sage ich das?") ihre Notizen ausformulieren. Dabei übernimmt jedes Mitglied der Gruppe eine Folie. Der L hilft ggf. bei der Gruppenorganisation und geht herum. Dann haben die S Zeit, ihre Präsentation einzuüben. Auch hier unterstützt der L bei Fragen und geht herum.	GA	
		8c	Vor der Präsentation in der Klasse machen die S eine Probe in der Gruppe. Dann kommt jede Gruppe nach vorne und stellt der Klasse ihre Präsentation vor. Dabei spricht jedes Gruppenmitglied über die von ihm vorbereitete Folie. Die anderen S hören zu. Nach der Präsentation dürfen die Zuhörer 1–2 Fragen stellen, die von den Gruppenmitgliedern beantwortet werden. Der L hört zu und hilft, wo nötig. Nach den Präsentationen gibt der L ein Feedback dazu. *fakultativ: Die Übung 19 im AB eignet sich auch in Vorbereitung auf die Präsentation, um Redemittel einzuüben.* → AB, S. 60 Ü 19	GA PL	
	Kopiervorlage		*fakultativ: Die S lösen für sich das Kreuzworträtsel. Anschließend wird im Plenum verglichen. Lösung: 1 Testesser 2 Nachspeise 3 Esslöffel 4 Gemüse 5 Pfanne 6 Zutaten 7 Cola 8 Kühlschrank 9 schälen 10 Zwiebel 11 Pfeffer 12 Käse*	EA PL	

LANDESKUNDE

S. 38		1a	Die S schauen sich die Landkarte und die Fotos A–F an. In Zusammenarbeit mit ihrem Partner suchen sie dann die Regionen auf der Karte. Die Ergebnisse werden im Plenum besprochen. Wenn eine Wandkarte im Klassenraum vorhanden ist, kommen zur Kontrolle einige S nach vorne und zeigen die Regionen auf der Deutschlandkarte. *Fakultativ: Die S sagen, ob sich die Regionen in Deutschland, Österreich oder in der Schweiz befinden.*	PA PL	
		1b	Abwechselnd nennen die S Städte, die sie kennen, und fragen ihren Partner, wo sie liegen. Der Partner zeigt die jeweilige Stadt auf der Landkarte. Sie orientieren sich an dem Beispieldialog und können als Hilfe die Karte im Umschlag vorne benutzen. Der L geht herum und hilft, wo nötig.	PA	
		2	Die S nennen in der Klasse weitere Städte, Flüsse und Seen in den deutschsprachigen Ländern, die sie schon kennen, und zeigen sie ebenfalls auf der Karte.	PL	

LESEN				
S. 39	**3a**	Die S lesen die Texte 1–6 und schauen sich die Bilder an, die zu den Texten gehören. In Zusammenarbeit mit ihrem Partner ordnen sie die Texte 1–6 den Regionen A–F in Aufgabe 1a auf S. 38 zu. Zur Kontrolle werden die Lösungen im Plenum besprochen.	PA PL	
	3b	Die S lesen die Texte noch einmal und äußern sich mündlich in Gruppen mit 4–6 S darüber, welche Jugendlichen sie gern besuchen würden und warum. Im Anschluss wird in der Klasse über das beliebteste Ziel abgestimmt.	EA GA PL	
	4 Internet	Die S lesen die Fragen. Zusammen mit ihrem Partner wählen sie drei Fragen aus, die sie beantworten wollen und suchen nach Informationen im Internet. Zum Vergleich der Antworten finden sie sich mit Paaren zusammen, die die gleichen Fragen beantwortet haben, und vergleichen in der Gruppe. Der L geht herum, hört zu und gibt Feedback. *fakultativ: Die S bilden Expertengruppen, indem sie sich mit Paaren zusammenfinden, die andere Fragen beantwortet haben und tauschen sich über die verschiedenen Informationen aus. Die S können die Antworten so vorbereiten, dass sie im Klassenzimmer ausgestellt werden können.*	EA PA GA	

WEISST DU NOCH?				
S. 42	**1** ((•)) 18	Die S lesen zuerst die Einkaufsliste und hören dann das Gespräch. Während des Hörens oder danach notieren sie in ihr Heft, welche Lebensmittel Timo nicht aufgeschrieben hat. Zur Kontrolle werden die Lösungen im Plenum genannt.	EA PL	
	2	Die S werden in 4er-Gruppen eingeteilt. Die S sammeln alle ihnen bekannten Lebensmittel und tragen sie nach Themengruppen in die Tabelle ein. Der L gibt eine genaue Zeit (z. B. 10 Minuten) vor. Nach Ablauf der Zeit nennt jede Gruppe ihre Ergebnisse im Plenum und der L schreibt die Wörter sowie die Anzahl der richtigen Wörter jeder Gruppe an die Tafel. Sieger ist die Gruppe mit den meisten richtigen Wörtern. Am Ende sollten alle bekannten Lebensmittel an der Tafel stehen.	GA PL	
	3	In 4er-Gruppen sprechen die S über ihre Essgewohnheiten. Sie äußern sich frei mithilfe der Wörter aus 2 und der Satzverbindungen in der Tabelle unten. Der L geht herum, hört zu und korrigiert, wo nötig. Anschließend berichten die Gruppen in der Klasse, ob bzw. welche besonderen Gewohnheiten es in ihrer Gruppe gibt.	GA PL	
	4	Die S erstellen zu zweit einen Wochenplan mit ihren Lieblingsgerichten für die Schulkantine. Dann stellen sie ihren Wochenplan in der Klasse vor. *fakultativ: Anschließend werden die Wochenpläne an die Pinnwand der Klasse gehängt.*	PA PL	

Seite	Aufgabe Material Verweis	Ablauf	Form	Zeit
S. 43	1a	Die S lesen Simons Blog-Einträge im Plenum, z. B. liest je ein S einen Beitrag vor. Unbekannter Wortschatz wird dabei durch Erschließen aus dem Kontext geklärt. Danach fassen die S im Plenum die Hobbys von Simon zusammen und sagen, was sie noch über ihn wissen. Simon war im zweiten Modul der A1-Stufe bereits Protagonist.	PL	
	1b	Die S lesen jeden Eintrag noch einmal still. Anschließend fassen einzelne S in je einem Satz den Inhalt der Texte in der Klasse mündlich zusammen. Die anderen S hören zu und helfen, wenn nötig.	EA PL	
	2	Im Plenum äußern sich jetzt die S mündlich darüber, welchen Eintrag von Simon sie am interessantesten finden, und begründen ihre Meinung.	PL	

Seite	Aufgabe Material Verweis	Ablauf	Form	Zeit
S. 44	1a	Die S lesen zuerst den Text, einen Zeitungsartikel, und die Sätze a und b für sich. Sie entscheiden, was richtig ist. Zur Kontrolle wird die Lösung im Plenum besprochen.	EA PL	
	1b	Die S lesen die Aussagen 1–5. Der unbekannte Wortschatz wird geklärt. Dann lesen die S den Text noch einmal und entscheiden, ob die Aussagen richtig oder falsch sind. Die Lösungen werden in der Klasse besprochen und anhand der entsprechenden Textstellen begründet. → AB, S. 66 Ü 1–3	EA PL	
	2	Der L weist auf den Grammatikkasten und die regelmäßigen und unregelmäßigen Verben im Präteritum hin. Zu zweit suchen die S im Text in 1a die Präteritumformen zu den vorgegebenen Infinitiven. Dann zeichnen sie die Tabelle in ihr Heft und tragen die Verbformen in die entsprechende Spalte ein, wie im Beispiel vorgegeben. Der L zeichnet auch die Tabelle an die Tafel. Die S nennen ihm die Verbformen und er schreibt sie zur Kontrolle in die Tabelle. *fakultativ: Der L erstellt die Tabelle an der Tafel gemeinsam mit den Schülern.*	PA PL	

(→) **AB, GRAMMATIK**

Seite	Aufgabe Material Verweis	Ablauf	Form	Zeit
AB S. 66	4a	Die S ergänzen die regelmäßigen bzw. unregelmäßigen Verbformen im Präteritum aus der Tabelle aus Aufgabe 2 im KB und lesen sie vor. Anschließend wird auch der Tipp in der Klasse vorgelesen. *Hinweis: Falls die Tabelle aus Aufgabe 2 im KB ins Heft geschrieben und kontrolliert wurde, braucht der L nur auf die entsprechende Spalte hinzuweisen. Die S müssen in diesem Fall die Verbformen nicht noch einmal schreiben.*	EA PL	
	4b	Die S ergänzen die Modalverben im Präteritum. Zur Kontrolle werden die Verben vorgelesen. Der L weist auf den Tipp hin.	EA PL	
AB S. 67	4c	Die S lesen still die konjugierten Verben. Sie stellen fest, dass die erste und dritte Person Singular, so wie bei den bekannten Präteritumformen von *sein*, die gleiche Endung haben. Der L weist auch auf den Tipp hin. Danach konjugieren die S zu zweit die restlichen Verben. Zur Kontrolle kommen einzelne S dann an die Tafel und schreiben die Verbkonjugationen an. → AB, S. 67–68 Ü 5–8	EA PA PL	

Seite	Aufgabe Material Verweis	Ablauf	Form	Zeit
S. 45	3a (•)) 19	Die S hören den Präteritum-Rap und notieren danach die Präteritumformen, die sich reimen. Anschließend werden diese Formen vorgelesen. *fakultativ: Die S hören den Präteritum-Rap noch einmal und sprechen ihn rhythmisch mit.*	EA PL	

	3b 🔊 20	Die S werden in 4er-Gruppen eingeteilt. Sie schlagen das AB auf S. 100–102 auf, suchen in der Verbenliste noch zwei Verbpaare, die sich im Präteritum reimen, und schreiben sie, wie in 3a vorgegeben, ins Heft. Anschließend trägt jede Gruppe ihre Strophen zum Rhythmus in der Klasse vor.	GA PL
	4 AB S. 97/99	Die Partner entscheiden, wer Arbeitsblatt A bzw. B übernimmt. Mithilfe der Verbenliste im AB S. 100 und 102 ergänzen die S auf ihrem Arbeitsblatt die Verben im Präteritum. Zur Kontrolle geht der L herum und korrigiert, wo nötig. Dann setzen die Partner die sechs Geschichten zusammen: Partner A liest den Anfang der ersten Geschichte vor. Partner B hört zu, sucht das passende Ende dazu auf seinem Blatt und liest es dann auch vor. Ebenso gehen die Partner bei den übrigen Geschichten vor. Der L geht herum, hört zu und korrigiert, wo nötig. Abschließend wird im Plenum verglichen, indem je ein Paar eine Geschichte vorliest. → AB, S. 69 Ü 9	EA PA
	5	Die S schauen sich die Bilder an und stellen im Plenum Vermutungen darüber an, was Laura und Simon jetzt machen.	PL
	6a 🔊 21	Die S lesen zuerst die Sätze. Sie erschließen die Bedeutung der neuen Wörter mithilfe der Illustrationen. Dann hören sie das Gespräch und ordnen die Sätze. Zur Kontrolle werden die Sätze in der richtigen Reihenfolge vorgelesen. Der L weist auf den Grammatikkasten hin.	EA PL
	6b 🔊 21	Die S schauen sich den Stadtplan an und lesen die beiden Fragen. Dann hören sie das Gespräch noch einmal. Während des Hörens oder danach beantworten sie die Fragen und nennen sie anschließend dem L.	EA PL

↻ AB, GRAMMATIK

AB S. 69	**10a**	Die S schauen sich die Skizzen an und lesen die fünf Aussagen. Dann ordnen sie jedem Satz die passende Skizze zu. Zur Kontrolle werden die Lösungen im Plenum besprochen. Der L weist auf den Grammatiktipp hin.	EA PL
	10b	Die S unterstreichen in Ü 11a die Präpositionen und die Nomen, die sie begleiten, wie im Beispiel. Anschließend tragen sie den Kasus, mit dem die Präpositionen stehen, in die Lücken ein. Zur Kontrolle werden die Lösungen im Plenum genannt. → AB, S. 69–70 Ü 11–13	EA PL

S. 45	**7** 🔊 22–24	Die S schauen noch einmal auf den Stadtplan in 6b und hören die drei Dialoge. Während des Hörens verfolgen sie auf dem Plan die Wegbeschreibung. Wenn nötig, werden die Dialoge ein zweites Mal gehört. Nach jedem Dialog nennen die S dem L das Ziel.	EA PL

S. 46	**8**	Die S schauen sich zu zweit den Stadtplan noch einmal an und wählen eins der drei angegebenen Ziele. Dann schreiben sie gemeinsam einen Dialog mit *einer* Wegbeschreibung von der Neufeldstraße aus, aber ohne das Ziel zu benennen. Die vorgegebenen Redemittel helfen ihnen dabei. Dann tauschen sie den Text mit einem anderen Paar. Jedes Paar liest nun den Dialog und muss herausfinden, wohin die Wegbeschreibung führt. Der L geht herum und hilft, wo nötig.	PA
	9a 🔊 25	Die S lesen zuerst die Fragen. Das Wort *Verdacht* wird vom L erklärt. Dann hören die S das Interview. Während des Hörens oder danach können sie kurz die Antwort zu jeder Frage notieren. Zur Kontrolle werden die Antworten im Plenum besprochen.	EA PL

	9b (•))) 25	Die S lesen den Text. Die neuen Wörter werden in der Klasse vom L erklärt. Dann hören die S das Interview noch einmal und ergänzen die fehlenden Wörter in ihr Heft. Anschließend werden die Lösungen in der Klasse genannt.	EA PL	
	10	Zu zweit schreiben die S den Dialog zwischen Simon und Sven. Der L geht herum und hilft, wo nötig. Im Anschluss spielt jedes Paar der Klasse seinen Dialog mit verteilten Rollen vor.	PA PL	
	11a	Zuerst schauen sich die S die Abbildungen mit den Apps an und beschreiben sie kurz. Danach lesen sie die Werbetexte auf S. 47. Neuer Wortschatz wird in der Klasse geklärt. Dann ordnen die S im Plenum den Texten die passenden Apps zu und begründen zur Kontrolle, wo nötig, anhand von Schlüsselwörtern aus den Werbetexten.	EA PL	

S. 47	**11b**	Die S lesen still die Sätze 1–6 und noch einmal die Werbetexte. Dann ergänzen sie in den Aussagen die Namen der passenden Apps. Dabei notieren sie auch die lösungsrelevanten Textstellen in ihr Heft. Im Anschluss werden die Lösungen in der Klasse besprochen und anhand der Texte begründet. Zum Schluss wird der neue Wortschatz vom L erklärt.	EA PL	
	11c	Die S äußern sich in der Klasse mündlich darüber, welche App aus 11a sie sich gern herunterladen würden und begründen das. Der L hört zu und hilft, wo nötig. *fakultativ: Eine Statistik zum Thema die Lieblings-App der Klasse erstellen.* → AB, S. 70 Ü 14–15	PL	
	12	Die S lesen still den Anfang der Werbesprüche und dann die Ausdrücke im Kasten. In Zusammenarbeit mit ihrem Partner ergänzen sie dann die Sprüche und lesen sie zur Kontrolle in der Klasse vor. Der L weist auf den Grammatikkasten hin. → AB, S. 70 Ü 16	PA PL	

(→) **AB, GRAMMATIK**

AB S. 71	**17a**	Wie im Beispiel vorgegeben unterstreichen die S in den Sätzen 1–6 die Relativpronomen und zeigen mit einem Pfeil, auf welches Nomen sie sich beziehen. Sie können mit ihrem Partner kurz vergleichen. Zur Kontrolle nennen sie dem L die Lösungen.	EA PL	
	17b	Die S notieren, in welchen Sätzen aus Ü 17a das Relativpronomen im Akkusativ bzw. im Dativ steht. Sie können ihrem Partner dabei helfen, wenn nötig. Die jeweiligen Sätze werden zur Kontrolle im Plenum genannt.	EA PL	
	17c	Die S lesen die Sätze in Ü 17a noch einmal und ergänzen die Regel. Zur Kontrolle wird die vollständige Regel vorgelesen. Der L weist auf den Tipp hin. → AB, S. 71–72 Ü 18–20	EA PL	

S. 47	**13**	Die S werden in 3er-Gruppen eingeteilt. Jede Gruppe erfindet eine App oder wählt eine, die die S kennen. Die S schreiben mithilfe der Aufgaben 11a und 12 einen Werbetext dazu. Anschließend lesen die Gruppen ihre Werbetexte in der Klasse vor. Die Klasse entscheidet, welche App die witzigste und welche die nützlichste ist. *fakultativ: Die S können ihren Werbetext so gestalten, dass er im Klassenzimmer ausgestellt werden kann.*	GA PL	

	Kopiervorlage	*fakultativ: Jeder S bekommt eine Kopiervorlage. In Zusammenarbeit mit seinem Partner spielen die S vier kleine Dialoge zur Wegbeschreibung, wie im Beispiel vorgegeben. Dabei wechseln sie auch die Rollen. Der L geht herum und hilft, wo nötig.*	PA	

Seite	Aufgabe Material Verweis	Ablauf	Form	Zeit
S. 48	**1a**	Die S schauen sich das Bild an und lesen still den Dialog. Danach stellen sie im Plenum Vermutungen darüber an, was das Thema ist und wo der Dialog stehen könnte.	EA PL	
	1b	Gemeinsam mit ihrem Partner schreiben nun die S den Dialog zwischen dem Mädchen und dem Jungen in 1a auf Deutsch. Dann spielen sie ihn in der Klasse vor. Anschließend werden die Dialoge mit der Übersetzung des Dialogs auf S. 69 verglichen.	PA PL	
	2a	Die S lesen die Aufgabe und den ersten Teil des Artikels im Plenum. Sie beantworten dann die Frage im Plenum und nennen die passenden Textstellen dazu. Der L achtet darauf, dass die Frage beantwortet wird und hilft ggf. mit dem Wortschatz.	PL	
	2b	Die S lesen zuerst die Themen 1–4. Das Wort *aussprechen* wird anhand der Illustration von den S erschlossen. Dann lesen die S für sich den zweiten Teil des Artikels und notieren, zu welchen der Themen sie im Text Informationen erhalten. Die Ergebnisse werden im Plenum genannt. → AB, S. 75–76 Ü 1–5	EA PL	

Seite	Aufgabe Material Verweis	Ablauf	Form	Zeit
S. 49	**3**	Die S lesen die Aussagen 1–4. Der L erklärt das Wort *ausreichen*. Dann lesen die S den ganzen Artikel in 2a und 2b noch einmal und klären in Zusammenarbeit mit ihrem Partner, ob die Aussagen richtig oder falsch sind. Die falschen Sätze werden von den S korrigiert. Die Ergebnisse werden in der Klasse besprochen. Der L erklärt, wo nötig, den unbekannten Wortschatz und schreibt zur Kontrolle die korrigierten Sätze an die Tafel. → AB, S. 76 Ü 6	PA PL	
	4	Die S ordnen den zwei Hauptsätzen links den jeweils passenden Nebensatz rechts zu und lesen in der Klasse die vollständigen Sätze vor. Die Bedeutung von *obwohl*, ein nicht erwarteter Gegensatz, wird von den S erschlossen. Der L macht auf den Grammatikkasten aufmerksam.	EA PL	

⊙→ **AB, GRAMMATIK**

Seite	Aufgabe Material Verweis	Ablauf	Form	Zeit
AB S. 76	**7a**	Die S schauen sich die Bilder an. Dann ergänzen sie die Lücken in den beiden Sätzen mit der passenden Konjunktion. Zur Kontrolle werden die vollständigen Sätze vorgelesen.	EA PL	
	7b	Die S lesen still die Sätze in Ü 7a noch einmal. Dann lesen sie die Sätze und achten auf die markierten Wörter. Sie ergänzen im Nebensatz obwohl und das Verb. Der vollständige Satz wird in der Klasse vorgelesen. *fakultativ: Der L schreibt das Schema an die Tafel und stellt einen Vergleich zu Nebensätzen mit* weil *her.* → AB, S. 77 Ü 8–10	EA PL	

S. 49	5	Die S lesen still die Ausdrücke im Kasten. Der unbekannte Wortschatz wird vom L im Plenum erklärt. Dann schreiben sie mithilfe der Vorlage rechts ihr persönliches Sprachgedicht und lesen es ihrem Partner vor. Der Partner kann auch helfen. Dann tragen die S ihr Gedicht in der Klasse vor.	EA PA PL	
	6	Die S werden in 4er-Gruppen eingeteilt. Sie sammeln Tipps zum einfacheren Deutschlernen und machen Notizen, wie im Beispiel vorgegeben. Anschließend trägt jede Gruppe ihre Tipps in der Klasse vor. *fakultativ: Die Klasse wählt die effektivsten/witzigsten/… Tipps.*	GA PL	

S. 50	7a	Im Plenum werden die Wörter im Schüttelkasten geklärt. Dann schauen sich die S das Programm an und identifizieren mithilfe der Wörter im Schüttelkasten, welche Art von Veranstaltungen man vormittags und nachmittags besuchen kann. Im Anschluss nennen die S dem L ihre Ergebnisse. Der L zeichnet eine Tabelle mit zwei Spalten *(am Vormittag/am Nachmittag)* an die Tafel und ergänzt entsprechend.	EA PL	
	7b	Die S lesen still die Aussagen 1–6. Dann lesen sie das Programm noch einmal und ordnen jeder Person, wenn möglich, die passende Veranstaltung zu. Zur Kontrolle werden die Lösungen in der Klasse besprochen und mithilfe der Textstellen begründet. Wenn nötig, erklärt der L zum Schluss unbekannten Wortschatz. *fakultativ: Die S notieren sich die relevanten Schlüsselwörter in ihr Heft.* → AB, S. 78 Ü 11–14	EA PL	
	8	Die Redemittel werden im Plenum geklärt. Die S lesen dann das Programm noch einmal. Im Gespräch mit ihrem Partner wählen sie aus 7a drei Veranstaltungen, die sie gemeinsam besuchen möchten. Dabei verwenden sie die vorgegebenen Redemittel. Der L geht herum, hört zu und achtet auf die Verwendung der Redemittel. Einige Dialoge werden dann im Plenum vorgetragen.	PA	

S. 51	9a ᴖ) 26	Die S hören den Anfang der Gesprächsrunde. Während des Hörens achten sie auf die Sprachen, die die drei Gäste sprechen. Dann nennen sie dem L die Sprachen und er schreibt sie an die Tafel.	EA PL	
	9b ᴖ) 27	Die S lesen still die Aussagen 1–5. Der neue Wortschatz wird vom L im Plenum erklärt. Dann hören die S das Gespräch. Während des Hörens oder danach ordnen sie den Sätzen die passenden Namen zu. Anschließend werden die Lösungen in der Klasse besprochen. Falls es Meinungsunterschiede gibt, wird das Gespräch noch einmal gehört. → AB, S. 79 Ü 15–17	EA PL	
	10a	Die S schauen sich die Bilder A–C auf der Zeitleiste an und lesen die Sätze 1–3 für sich. Danach ordnen sie den Bildern die passenden Aussagen zu. Zur Kontrolle werden die Lösungen im Plenum genannt. Der L weist auf den Grammatikkasten und die Formen des Plusquamperfekts hin.	EA PL	
	10b	Die S lesen die Informationen in den Kästchen. Der L erklärt den Ausdruck *als Erwachsener.* Anhand der Informationen schreiben die S zu zweit Sätze wie in 10a in ihr Heft und achten dabei auf die richtige Zeitform. Zur Kontrolle werden die Sätze vorgelesen. Der L macht auf den Grammatiktipp aufmerksam.	PA PL	

Modul Simon, Lektion 44

→ AB, GRAMMATIK

S.80	18a	Die S lesen still die Sätze zu den Personen, ordnen sie der Zeitleiste zu und ergänzen die entsprechenden Nummern. Zur Kontrolle werden die Lösungen im Plenum besprochen.	EA PL	
	18b	In Ü 18a unterstreichen die S die Verben im Plusquamperfekt und ergänzen dann die Tabelle. Der L schreibt auch eine Tabelle an die Tafel und trägt die Verbformen ein, die ihm die S zurufen.	EA PL	
	18c	Die S schauen sich noch einmal die Sätze und die Zeitleiste in Ü 18a an. Sie lesen dann still die Regel und unterstreichen zusammen mit ihrem Partner, was richtig ist. Im Plenum wird anschließend die vollständige Regel vorgelesen. → AB, S. 80–81 Ü 19–20	EA PA PL	

S.51	11	Die S werden in 5er-Gruppen eingeteilt. Jeder in der Gruppe äußert sich dazu, in welcher Sprache er die vorgegebenen und weiteren Aktivitäten macht. Die S vergleichen ihre Aussagen mit denen der anderen Gruppenmitglieder. Es entwickelt sich ein freies Gespräch. Der L geht herum und hört mit und hilft, wo nötig.	GA	

	Kopiervorlage	*fakultativ: Die S werden in 3er-Gruppen eingeteilt. Jede Gruppe bekommt einen Satz mit achtzehn Dreiecken. Der L weist die S darauf hin, dass die richtig zusammengelegten Dreiecke die Figur einer Sanduhr ergeben. Dann spielen die Gruppen „Tangram" (Spielanleitung s. LHB S. 41). Sieger ist die Gruppe, die die Dreiecke am schnellsten richtig aneinandergefügt hat.*	GA	

Seite	Aufgabe Material Verweis	Ablauf	Form	Zeit
S. 52	**1a**	Die S schauen sich die Bilder an und beschreiben im Plenum, welche Situation auf jedem Bild abgebildet ist. Danach lesen sie die Texte 1 und 2 und ordnen jedem Text das entsprechende Foto zu. Zur Kontrolle werden die Lösungen in der Klasse besprochen und mithilfe der entsprechenden Textstellen begründet.	PL EA PL	
	1b	Die S lesen die Texte in 1a noch einmal für sich und notieren, wer wie wem hilft, in ihr Heft. Unbekannter Wortschatz kann mit einem Wörterbuch geklärt werden. Dann fassen sie mithilfe ihrer Notizen zu zweit die Texte kurz mündlich zusammen. Zum Abschluss wird im Plenum verglichen.	EA PA PL	

Seite	Aufgabe Material Verweis	Ablauf	Form	Zeit
S. 53	**2**	Die S lesen die Aussagen für sich und bestimmen die richtige Fortsetzung der Sätze. Zur Kontrolle werden die vollständigen Sätze in der Klasse vorgelesen. *fakultativ: Zum Detailverstehen kann der L den S auch weitere Fragen zum Inhalt der Texte stellen, z. B.: Was ist die „Nummer gegen Kummer"? Wer kann dort anrufen? Wie helfen die Schüler den Senioren?* → AB, S. 84–85 Ü 1–5	EA PL	
	3	Die S lesen die Texte der beiden ersten Sprechblasen und ergänzen gemeinsam die Relativpronomen *wo* oder *was*. Zur Erklärung weist der L auf den Grammatikkasten hin. Die beiden weiteren Sprechblasen ergänzen die S zuerst für sich, dann wird im Plenum verglichen.	PL EA PL	

→ **AB, GRAMMATIK**

Seite	Aufgabe Material Verweis	Ablauf	Form	Zeit
AB S. 85	**6a**	Die S lesen den Anfang der Sätze 1–5 und die restlichen Teilsätze a–e für sich und ordnen sie einander zu, sodass ein sinnvoller Dialog entsteht. Sie können ihrem Partner helfen, wenn nötig. Der Dialog wird zur Kontrolle mit verteilten Rollen vorgelesen.	EA PL	
	6b	Die S unterstreichen in Ü 6a die Relativpronomen *wo* und *was* und zeigen wie im Beispiel mit einem Pfeil, worauf sie sich beziehen. Im Plenum werden die Lösungen besprochen.	EA PL	
	6c	Die S schauen sich die Sätze in Ü 6a noch einmal an und ergänzen die Regel gemeinsam mit ihrem Partner. Im Plenum werden die vollständige Regel und der Tipp vorgelesen. → AB, S. 85–86 Ü 7–10	PA PL	

Seite	Aufgabe Material Verweis	Ablauf	Form	Zeit
S. 53	**4a**))) 28	Die S schauen sich zuerst das Bild an und besprechen im Plenum, wer die Personen auf dem Bild sind. Dann lesen sie die Aussagen. Der L erklärt die unbekannten Wörter. Im Anschluss hören die S den ersten Teil des Gesprächs und notieren dabei die fehlenden Namen.	PL EA	
	4b))) 29	Die S lesen zuerst die Aussagen. Der L erklärt die unbekannten Wörter. Dann hören die S den zweiten Teil des Gesprächs und ordnen in Zusammenarbeit mit ihrem Partner die Aussagen.	PL PA	

S. 54	4c (·))30	Die S lesen die Aussagen mit den beiden Ergänzungsmöglichkeiten. Die neuen Wörter werden vom L erklärt. Dann hören die S den dritten Teil des Gesprächs. Während des Hörens oder danach notieren sie bei jeder Aussage die richtige Ergänzung a oder b.	EA	
	4d (·))31	Die S hören das ganze Gespräch noch einmal. Dabei kontrollieren sie ihre Lösungen in 4a–c. Anschließend vergleichen sie mit ihrem Partner, bevor die Lösungen in der Klasse besprochen werden.	EA PA PL	
	4e	Die S lesen still die vorgegebenen Teilsätze und ordnen sie einander zu. Zur Kontrolle werden die vollständigen Sätze im Plenum vorgelesen. Die Bedeutung der Konjunktion *als* wird dabei von den S erschlossen. Der L weist auf den Tipp und den Grammatikkasten hin. *Hinweis: Der Nebensatz mit* als *beschreibt eine Handlung oder eine Ereignis in der Vergangenheit, das zur selben Zeit wie das Geschehen im Hauptsatz stattfindet.* → AB, S. 86 Ü 11	EA PL	

→) AB, GRAMMATIK

| AB S. 87 | 12a | Die S lesen die Satzhälften und ordnen sie in Zusammenarbeit mit ihrem Partner einander zu. Zur Kontrolle werden die vollständigen Sätze im Plenum vorgelesen. | PA PL | |
| | 12b | Die S schreiben die Sätze 1 und 2 aus Ü 12a in das Schema. Dann ergänzen sie die Regel. Zur Kontrolle zeichnet der L auch ein Schema an die Tafel und zwei S tragen die Sätze ein. Die Regel wird in der Klasse vorgelesen. → AB, S. 87 Ü 13–14 | EA PL | · |

S. 54	5	Die S schauen sich die Bilder an und lesen still die Bildunterschriften dazu. Dann machen sie sich Notizen zu dem jeweiligen Bild. Anschließend erzählen sie ihrem Partner mithilfe der Notizen aus ihrem Leben und verwenden dabei Nebensätze mit *als*.	EA PA	
	6a	Die S werden in 4er-Gruppen eingeteilt. Sie lesen dann den Titel der Seefahrergeschichte („Mickey, der blinde Passagier") und die zwei Fragen dazu. In der Gruppe stellen sie Vermutungen auf Deutsch an, indem sie die vorgegebenen Redemittel benutzen. Im Anschluss stellt jede Gruppe der Klasse ihre Vermutungen vor.	GA PL	
	6b	Die S lesen für sich den Anfang der Geschichte und vergleichen mit den Vermutungen ihrer Gruppe. In der Klasse werden die richtigen Antworten auf die Fragen in 6a besprochen. Der L erklärt dabei auch die neuen Wörter, wenn nötig.	EA PL	

| S. 55 | 7 | Die S lesen zuerst die sieben Aussagen. Dabei erklärt der L, wenn nötig, die neuen Wörter. Danach lesen sie den Text und ordnen in Zusammenarbeit mit ihrem Partner die Sätze chronologisch. Zur Kontrolle wird die richtige Reihenfolge der Sätze im Plenum besprochen. → AB, S. 88 Ü 15–16 | PA PL | |

| | | 8 | Die S suchen die entsprechenden Sätze im Text und schreiben die Neben- und Hauptsätze in ihr Heft. Zur Kontrolle werden die vollständigen Sätze im Plenum genannt. Anhand des Kontextes erschließen die S die Bedeutung von *nachdem*. Der L verweist auf den Grammatikkasten und auf den Tipp. | EA PL | |
| | | 9 | In der Klasse spielen die S das Kettenspiel (Spielanleitung s. LHB S. 42) und orientieren sich dabei an den Vorgaben. Der L hört zu und korrigiert, wenn nötig. | KÜ | |

→ AB, GRAMMATIK

AB S. 88		17a	Die S schauen sich die Bilder an und nummerieren sie in chronologischer Reihenfolge. Zur Kontrolle werden die Lösungen in der Klasse genannt. Der L weist dabei auch auf den Tipp hin.	EA PL	
AB S. 89		17b	Die S lesen die Sätze aus Ü 17a noch einmal und ergänzen die Verben im Schema. Zur Kontrolle schreibt der L ebenfalls ein Schema an die Tafel und ergänzt die Verben auf Zuruf der S.	EA PL	
		17c	Die S lesen die Regel für sich und unterstreichen, was richtig ist. Sie können ihrem Partner dabei helfen, wenn nötig. Zur Kontrolle wird die vollständige Regel vorgelesen. → AB, S. 89 Ü 18–19	EA PL	

→ AB, SCHREIBTRAINING

AB S. 90		20	Die S schreiben die E-Mail in ihr Heft und benutzen an den unterstrichenen Stellen *nachdem*, *während* oder *bevor*. Danach vergleichen sie mit ihrem Partner und korrigieren ggf. Der L geht umher und hilft. Zum Schluss liest ein S seine E-Mail mit der richtigen Lösung in der Klasse vor.	EA PA PL	

| | Kopiervorlage | | *fakultativ: Die S ergänzen die Lücken für sich. Anschließend korrigieren sie in PA. Zum Abschluss findet eine kurze Kontrolle im Plenum statt.*
Lösung: 1 Während 2 Als 3 Nachdem 4 als 5 nachdem 6 Bevor 7 während 8 bevor 9 nachdem 10 als | EA PA PL | |

LANDESKUNDE					
S. 56		1	Die S schauen sich die Grafik an und lesen dann die Sätze 1–4 im Plenum. In Zusammenarbeit mit ihrem Partner erschließen sie danach, ob die Aussagen richtig oder falsch sind. Zur Kontrolle werden die Lösungen im Plenum besprochen.	PA PL	
		2a ((•)) 32–34	Die S schauen sich zuerst die Bilder an. Danach hören sie die Hörtexte. Während des Hörens oder danach und mithilfe der Bilder beantworten sie zu jeder Person stichwortartig die Fragen. Anschließend werden die Lösungen in der Klasse besprochen.	EA PL	
		2b Farbstifte	Die S werden in 4er-Gruppen eingeteilt. Mithilfe der Grafik in Aufgabe 1 zeichnen sie auf einem DIN A4-Blatt eine ähnliche Grafik, die das Schulsystem in ihrem Land darstellt. Danach vergleichen sie ihre Grafiken im Plenum miteinander. Im Anschluss werden in der Klasse die Unterschiede und die Gemeinsamkeiten im Vergleich zum Schulsystem in Deutschland besprochen.	GA PL	

LESEN					
S. 57	3a	Die S schauen sich zuerst den Buchumschlag an und lesen die Informationen dazu. Der L erklärt, wenn nötig, die unbekannten Wörter. Danach lesen die S still die vier Überschriften. Der L weist auf die nummerierten unbekannten Wörter im Text und die Worterklärungen in den Fußnoten hin. Die S lesen den Ausschnitt aus dem Buch und ordnen jedem Absatz eine Überschrift zu. Zur Kontrolle werden die Lösungen im Plenum besprochen.	EA PL	
	3b	Die S lesen die vier Fragen zum Text. Dann lesen sie den Text noch einmal und beantworten die Fragen, indem sie sich Notizen in ihr Heft machen. Zur Kontrolle werden die Antworten in der Klasse besprochen.	EA PL	
	4	Die S schreiben zu zweit einen Dialog zu einem Treffen zwischen Maik und Paul. Der L geht herum und hilft, wo nötig. Dann spielen die Paare ihren Dialog mit verteilten Rollen vor.	PA PL	

WEISST DU NOCH?					
S. 60	1 ◁)) 35	Die S hören das Lied und lesen gleichzeitig mit. Im Anschluss lesen sie still die zwei Fragen zum Liedtext und nennen im Plenum die richtige Antwort. Die S äußern sich im Anschluss in der Klasse darüber, welchen der beiden Lebensstile sie bevorzugen und begründen ihre Meinung.	EA PL	
	2	Die S schauen sich die drei Fotos an. Dann lesen sie die Verben unten auf der Seite, wählen drei davon aus und schreiben zu jedem Foto einen Satz im Perfekt. Danach vergleichen sie ihre Sätze mit ihrem Partner.	EA PA	
	3	Die S werden in 4er- bis 6er-Gruppen eingeteilt. Jede Gruppe wählt ein Thema (Sport, Schule, Alltag oder Wochenende) aus und macht eine Kettenübung (Spielanleitung s. LHB S. 42) innerhalb einer vom L festgelegten Zeit, z. B. 5 Minuten. Dabei formulieren die S Sätze im Perfekt, wie im Beispiel vorgegeben. Die Übersicht zur Perfektbildung und die Verblisten zu Sport und Schule unten im Kasten helfen dabei. Der L geht herum und hört zu. Sieger ist die Gruppe, die nach Ablauf der Zeit die meisten Verben gefunden, also den längsten Satz mit korrekten Perfektformen gebildet hat.	KÜ	

Kettenspiel (z.B. KB Lektion 38, Aufgabe 7)

Diese Übungsform kann immer wieder eingesetzt werden, um Wortschatz oder Strukturen einzuüben.
Die S sitzen an ihrem Platz oder stehen im Kreis. Die Reihenfolge für die Kettenübung muss klar sein. Der L oder ein S beginnt, indem er ein Wort oder einen Satz sagt bzw. eine Frage stellt, z.B. „Wozu brauchst du ein Smartphone?" Nun ist der Nachbar mit einer Aussage bzw. Antwort dran, z.B. „Ich brauche es, um mit Freunden zu telefonieren." Im Anschluss muss er dem nächsten S eine Frage stellen usw., bis alle S einmal dran waren.

Fragespiel (KB Lektion 41, Aufgabe 11b)

Jede Gruppe schreibt fünf Fragen zum Text auf einen Zettel. Die Mitglieder jeder Gruppe notieren auf einen weiteren Zettel auch die entsprechenden Textstellen, die die Antwort enthalten. Dann tauschen die Gruppen die Zettel. So bekommt jede Gruppe die Fragen einer anderen Gruppe und beantwortet sie schriftlich. Schließlich liest jede Gruppe die Fragen der anderen Gruppe und die vor. Die andere Gruppe kontrolliert anhand der vermerkten Textstellen. Es gewinnt die Gruppe, die alle Fragen richtig beantworten konnte.

Kettenspiel mit Softball (z.B. KB Lektion 42, Aufgabe 6)

Der Ablauf des Spiels ist wie beim Kettenspiel, aber die Reihenfolge wird durch das Zuwerfen des Softballs bestimmt. Der L (oder ein S) beginnt, indem er ein Wort oder einen Satz sagt bzw. eine Frage stellt. Er wirft dann den Ball einem (anderen) S zu. Nun muss dieser S seine Aussage machen und den Ball weiterwerfen.

Tangram (Kopiervorlage zu Lektion 44)

Die S werden in 3er-Gruppen eingeteilt. Jede Gruppe bekommt einen Satz mit achtzehn Dreiecken. Die Dreiecke werden gemischt und verdeckt auf den Tisch gelegt. Auf ein Zeichen des L hin drehen die S die Dreiecke um und versuchen sie nun so zusammenzulegen, dass Infinitiv und Partizip eines jeweiligen Verbes aneinander liegen und die Figur einer Sanduhr entsteht. Sieger ist die Gruppe, die am schnellsten die Dreiecke richtig zu einer Sanduhr aneinandergefügt hat.

A. Eure Deutschlehrerin/Euer Deutschlehrer zieht in zwei Wochen in eine andere
Stadt um. Deshalb wollt ihr ein Fest für sie/ihn organisieren. Sammelt zu zweit
Ideen und macht Notizen.

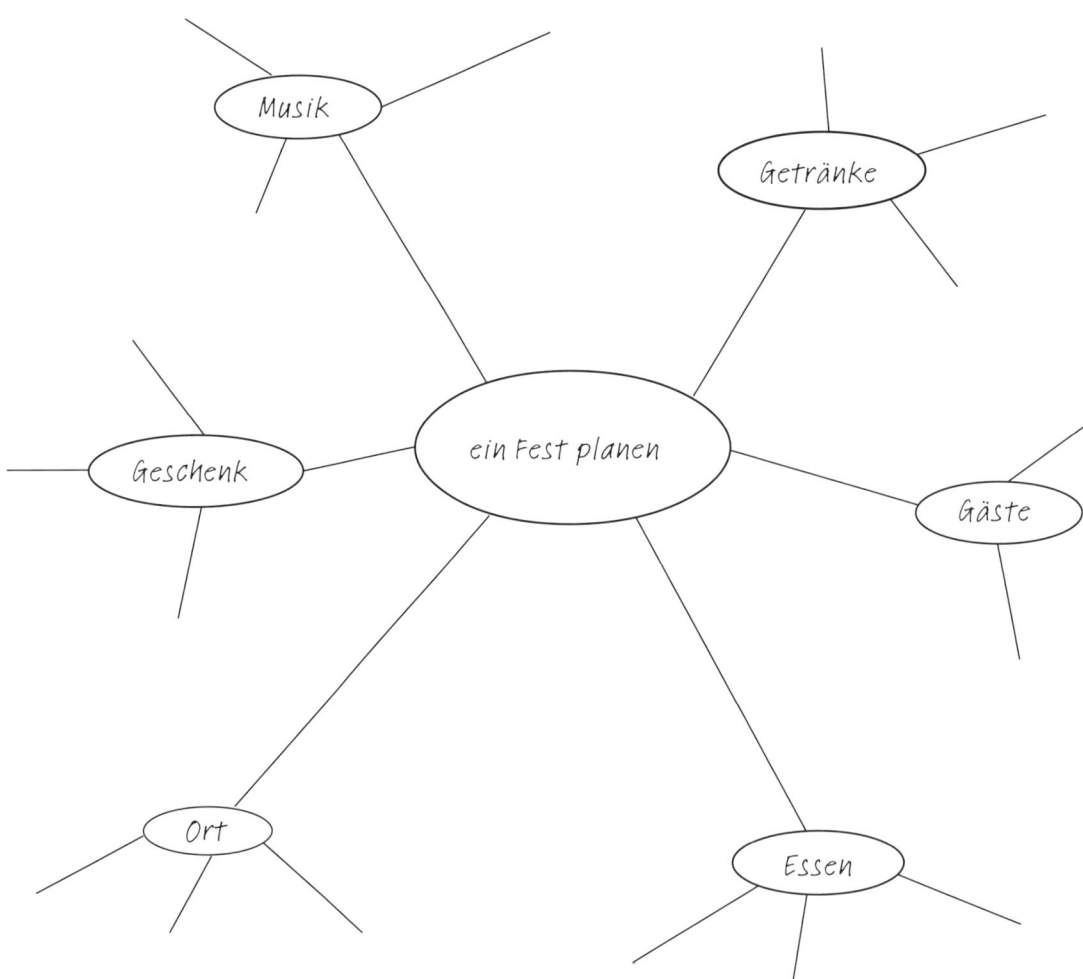

B. Sprecht jetzt zu zweit und plant das Fest. Benutzt auch die Redemittel
im Kursbuch, Seite 9 Aufgabe 4b.

Verbinde die Sätze mit *um ... zu*, wo möglich. Verbinde alle anderen Sätze mit *damit*.

1. Der Journalist der Zeitschrift „Grüne Woche" schreibt einen Artikel über eine Umfrage.
   Er informiert die Leser.

   _____

   _____

2. Fotomodelle verzichten oft auf Süßigkeiten.
   Sie bleiben schlank.

   _____

   _____

3. Am „Kauf-Nix-Tag" kauft Frederick nichts.
   Er protestiert gegen zu viel Konsum.

   _____

   _____

4. Der Physiklehrer zeigt in der Klasse ein Experiment.
   Seine Schüler können besser verstehen.

   _____

   _____

5. Frau Keller näht aus alten Kleidern Taschen.
   Ihr Sohn verkauft sie dann auf dem Flohmarkt.

   _____

   _____

6. Leo sucht seine Zahnbürste.
   Er putzt seine Zähne.

   _____

   _____

7. Im Urlaub geht Herr Geiziger nie shoppen.
   Er gibt kein Geld aus.

   _____

   _____

8. Claudia jobbt in den Ferien.
   Ihr Geld reicht für einen neuen Fotoapparat.

   _____

   _____

Beste Freunde Lektion 39 Kopiervorlage

Peter und Paul sind Freunde. Peter möchte mit Paul sprechen, aber Paul nervt heute.
Ergänze den Dialog mit da(r) + Präposition oder über.

Paul   Peter

Peter: Hallo Paul! Na, wie waren deine Sommerferien? Erzähl doch mal.

Paul: Nein, ich will jetzt nicht _____ (1) erzählen.

Peter: Warum denn nicht? Na gut, wir können ein anderes Mal _____ (2)

sprechen. Du, ich habe mich heute so über unseren Mathelehrer geärgert!

Stell dir vor: Er hat mir eine Fünf im Test gegeben.

Paul: Na und? Ich ärgere mich nie _____ (3). Er ist immer sehr nett.

Du hast einfach nicht gelernt.

Peter: Meinst du? Na ja. Das sagen meine Eltern auch. Am Nachmittag haben

sie sich mit mir _____ (4) gestritten.

Paul: Das kann mir nicht passieren. Ich streite mich nie _____ (5) Noten.

Peter: Wirklich? Du hast aber Glück. Sag mal, erinnerst du dich noch an unsere

Klassenfahrt nach Freiburg?

Paul: Nein, _____ (6) kann ich mich nicht erinnern.

Peter: Echt nicht? Du hast damals dein ganzes Taschengeld für Süßigkeiten

ausgegeben.

Paul: So ein Quatsch! _____ (7) gebe ich nie Geld aus.

Peter: Ok, vielleicht hast du Recht. Ich denke aber auch oft an unseren Ausflug

letzten Monat in den Schwarzwald.

Paul: _____ (8) will ich nicht mehr denken. Da hat Annette mit mir

Schluss gemacht.

Peter: Oh, das habe ich nicht gewusst. Tut mir leid. Willst du vielleicht mit

mir _____ (9) sprechen?

Paul: Nein, ich habe keine Lust!

Peter: Na gut, dann gehen wir Basketball spielen. Das machst du ja immer

gern, nicht?

Paul: Wie kommst du auf die Idee? Ich interessiere mich gar

nicht _____ (10).

Peter: Oh, Mann! Was ist denn mit dir heute los?

Beste Freunde Lektion 40 Kopiervorlage

Eine halbformelle E-Mail schreiben

A. Lies die Situation.

Du hast plötzlich Zahnschmerzen bekommen und musst zum Zahnarzt. Deshalb kannst du nicht zum Karate-Unterricht gehen. Du schreibst eine E-Mail an deinen Karate-Lehrer.

B. Schreib eine E-Mail an deinen Karate-Lehrer, Herrn Mijaki.

Entschuldige dich höflich und berichte, warum du nicht kommen kannst und wann du wieder da bist. Schreib auch einen Betreff. Wähle eine passende Anrede und einen passenden Gruß.

Von: ....

An: mijaki@yahoo.de

Betreff: ....

A. Lies die Aussagen 1–7. In welchen Fällen stehen die unterstrichenen Wörter? Ergänze in der Klammer Nominativ, Akkusativ oder Dativ.

Elias hat ein Foto von Sofie gepostet.

Sie hat das Foto furchtbar gefunden. (+ *Akkusativ*)

1. Das Lieblingstier von Bill Kaulitz ist sein Hund.

   Er hat ihn „Scotty" genannt. (+_____)

   Das Lieblingstier von Bill Kaulitz ist sein Hund,

   _____.

2. Kennst du das Mädchen? Es spricht gerade mit Fabio. (+_____)

   Kennst du das Mädchen, _____?

3. Diese komische Geschichte hat uns ein Kind erzählt. Es heißt Moritz.

   (+_____)

   Diese komische Geschichte hat uns ein Kind erzählt, _____.

4. Herr Schneider ist unser Mathelehrer. Er trägt immer eine bunte Krawatte.

   (+_____)

   Herr Schneider, _____, ist unser Mathelehrer.

5. Der Junge da ist mein bester Freund. Sofie gefällt ihm. (+_____)

   Der Junge da, _____, ist mein bester Freund.

6. Die Touristen kommen aus Spanien. Deutsches Essen schmeckt ihnen sehr gut.

   (+_____)

   Die Touristen, _____,

   _____.

7. Die Frau mit dem Minirock ist unsere Englischlehrerin. Das teure Motorrad gehört ihr.

   (+_____)

   Die Frau mit dem Minirock, _____,

   _____.

   (+_____)

B. Ersetze dann das Bezugswort durch ein Relativpronomen und verbinde die Sätze.

Elias hat ein Foto von Sofie gepostet, *das sie ganz furchtbar gefunden hat.*

Lös das Rätsel.

1. So nennt man die Leute, die ein Gericht probieren.
2. Das isst man oft nach dem Essen, z.B. ein Stück Torte.
3. Damit isst man Suppe.
4. Tomaten, Karotten, Bohnen gehören dazu.
5. Man kann Würstchen darin braten.
6. Man braucht sie, um Kuchen zu backen (z.B. Mehl, Zucker, Eier, Butter).
7. Das trinkt man oft, wenn man Hamburger isst, aber es ist nicht gesund.
8. Darin müssen Eis und Milch stehen, damit sie nicht schlecht werden.
9. Das muss man mit Kartoffeln machen, bevor man sie in der Pfanne brät.
10. Wenn man sie schält, muss man weinen.
11. Der „Bruder" des Salzes.
12. Es gibt weißen, aber auch gelben. Oft isst man Brot dazu.

„Wie komme ich am besten zum/zur …?" Spielt zu zweit vier Minidialoge
und beschreibt den Weg.

▲ Entschuldigung, wie komme ich am besten zur Polizei?

■ Geh hier die Bachstraße nach links und dann geradeaus bis zur Johann-Strauß-Straße,
da biegst du nach rechts ab und gehst geradeaus bis zur Brahmsgasse. Da ist links
die Polizei.

▲ Vielen Dank.

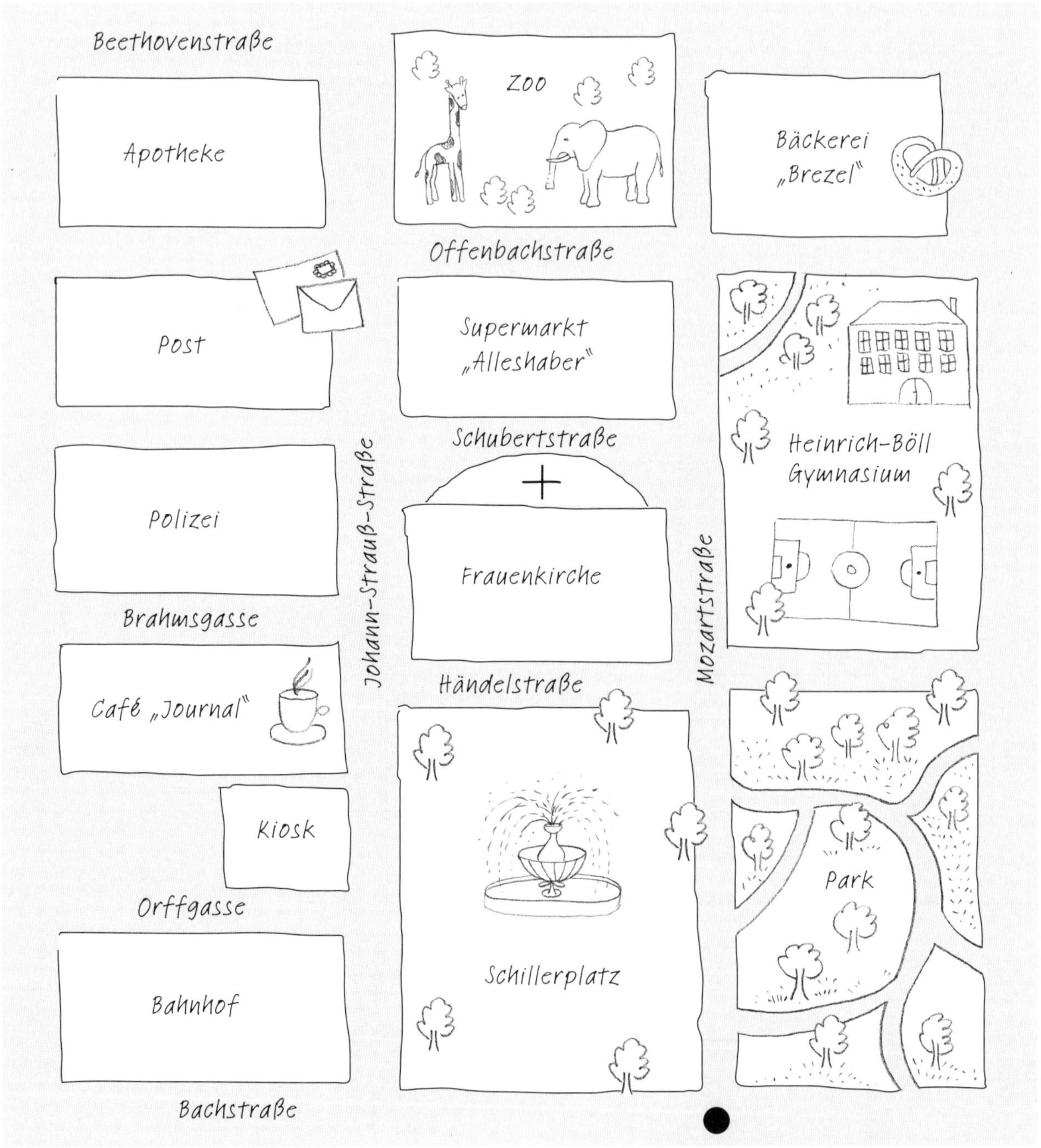

Beethovenstraße

Apotheke

ZOO

Bäckerei „Brezel"

Offenbachstraße

Post

Supermarkt „Alleshaber"

Schubertstraße

Johann-Strauß-Straße

Heinrich-Böll Gymnasium

Polizei

Frauenkirche

Mozartstraße

Brahmsgasse

Café „Journal"

Händelstraße

Kiosk

Orffgasse

Park

Bahnhof

Schillerplatz

Bachstraße

Tangram

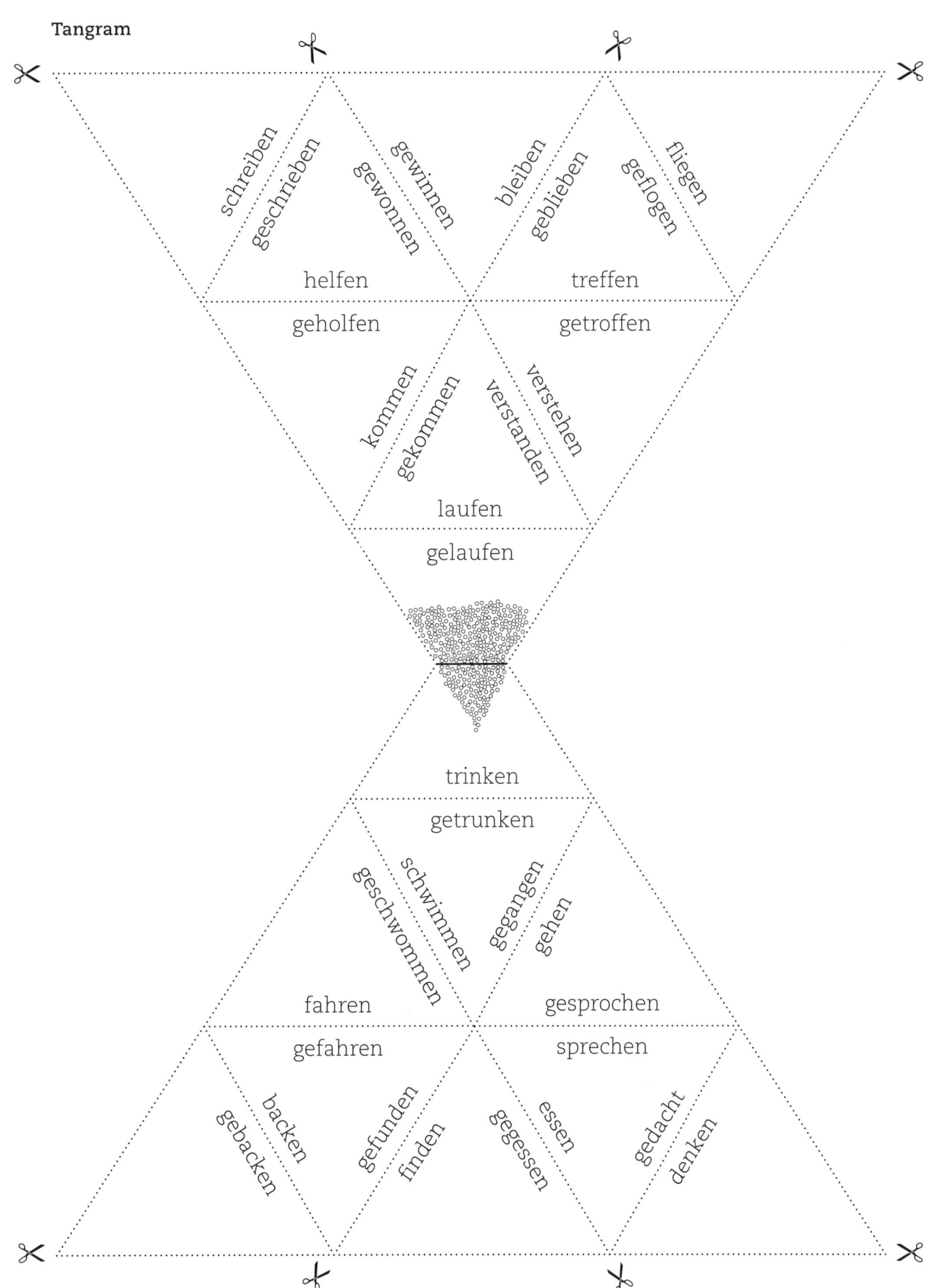

Ergänze *als*, *während*, *nachdem* oder *bevor*.

1. .... ich auf die Straßenbahn warte, regnet es.

2. .... Albert Einstein ein Kind war, war er kein guter Schüler.

3. .... sie geheiratet hatten, bekamen sie ein Baby.

4. Herr Schnellinger konnte 100 m in zehn Sekunden laufen,
.... er noch jung war.

5. Herr Reichmeier kaufte sich einen teuren Sportwagen, ... er im Lotto
100 000 Euro gewonnen hatte.

6. .... das neue Schuljahr beginnt, reist Familie Reisinger nach Südamerika.

7. Frau Ferienmann träumte von einer exotischen Insel,
.... sie schläft.

8. Max putzt seine Zähne immer, ... er ins Bett geht.

9. Die beiden Freunde gingen ins Kino, ... sie ihre Hausaufgaben gemacht hatten.

10. Enno wollte Sänger werden, ... er sechs Jahre
alt war.

Kopiervorlagen: A-/B-Tests

Test A

Name: _____   Klasse: _____

Punkte: _____ /20

1 Ergänze das Verb, wo nötig, mit *zu*.

> ### Wie organisiert ihr eine Party?
>
> Wir wollen ein Fest _____ *(organisieren)* (1). Die Lehrer lassen
> uns in der Schule _____ *(feiern)* (2). Wir haben aber nicht vor,
> viel Geld _____ *(ausgeben)* (3). Deshalb ist es wichtig, alles
> richtig _____ *(planen)* (4). Viele Eltern haben vorgeschlagen,
> uns _____ *(helfen)* (5). Aber wir können es auch allein
> _____ *(schaffen)* (6).

/6

2 Ergänze die Nomen mit Artikel in der richtigen Form.

1. Während _____ *(Pause)* darf niemand in der Klasse bleiben.

2. Es ist verboten, das Handy während _____ *(Unterricht)* zu benutzen.

3. Fotografieren ist während _____ *(Training)* nicht erlaubt.

4. Während _____ *(Abitur-Prüfungen)* müssen alle im 1. Stock
   ganz leise sein.

/4

3 Was passt? Ergänze in der richtigen Form.

> Bescheid ✕ putzen ✕ tragen ✕ brauchen ✕ ausgehen ✕ besorgen
> Lärm ✕ verabreden ✕ übernachten ✕ übernehmen

A ■ Besuchst du mich in den Ferien?

   ▲ Ich weiß noch nicht. Wie viel Geld _____ (1) ich denn da für eine Woche?

   ■ Nicht viel. Eigentlich nur für die Fahrkarte, denn du _____ (2) ja bei mir.

   ▲ Danke. Ich spreche mit meinen Eltern und sage dir dann _____ (3).

B ● Alles ok für die Party?

   ▼ Nein, noch nicht. Wir müssen noch Getränke _____ (4). Machst du das?

   ● Tut mir leid. So viele Flaschen kann ich nicht allein _____ (5).

   ▼ Dann gehen wir zusammen. Und sicher gibt es am Samstag viel _____ (6),
   so viele Leute und dann die Musik. Wir müssen die Nachbarn informieren.

   ● Das kann ich _____ (7). Ich habe am Freitagnachmittag Zeit.

C ◆ Lena, willst du denn bei diesem Regen _____ (8)?

   ❖ Ich habe mich mit Paula und Nina _____ (9).

   ◆ Ach ja? Und deshalb _____ (10) du schon eine halbe Stunde
   lang deine Zähne?

   ❖ Mama, du nervst!

/10

Name: _____   Klasse: _____

Punkte: _____ /20

1   **Ergänze die Nomen mit Artikel in der richtigen Form.**

1. Fotografieren ist während _____ (Training) nicht erlaubt.

2. Während _____ (Abitur-Prüfungen) müssen alle im 1. Stock
ganz leise sein.

3. Es ist verboten, das Handy während _____ (Unterricht) zu benutzen.

4. Während _____ (Pause) darf niemand in der Klasse bleiben.   /4

2   **Was passt? Ergänze in der richtigen Form.**

> Bescheid ✕ putzen ✕ tragen ✕ brauchen ✕ ausgehen ✕ besorgen
> Lärm ✕ verabreden ✕ übernachten ✕ übernehmen

A ■ Besuchst du mich in den Ferien?

  ▲ Ich weiß noch nicht. Wie viel Geld _____ (1) ich denn da für eine Woche?

  ■ Nicht viel. Eigentlich nur für die Fahrkarte, denn du _____ (2) ja bei mir.

  ▲ Danke. Ich spreche mit meinen Eltern und sage dir dann _____ (3).

B ● Alles ok für die Party?

  ▼ Nein, noch nicht. Wir müssen noch Getränke _____ (4). Machst du das?

  ● Tut mir leid. So viele Flaschen kann ich nicht allein _____ (5).

  ▼ Dann gehen wir zusammen. Und sicher gibt es am Samstag viel _____ (6),
so viele Leute und dann die Musik. Wir müssen die Nachbarn informieren.

  ● Das kann ich _____ (7). Ich habe am Freitagnachmittag Zeit.

C ◆ Nina, willst du denn bei diesem Regen _____ (8)?

  ❖ Ich habe mich mit Paula und Nina _____ (9).

  ◆ Ach ja? Und deshalb _____ (10) du schon eine halbe Stunde
lang deine Zähne?

  ❖ Mama, du nervst!

/10

3   **Ergänze das Verb, wo nötig, mit zu.**

> **Wie organisiert ihr eine Party?**
>
> Wir wollen ein Fest _____ (organisieren) (1). Die Lehrer lassen
> uns in der Schule _____ (feiern) (2). Wir haben aber nicht vor,
> viel Geld _____ (ausgeben) (3). Deshalb ist es wichtig, alles
> richtig _____ (planen) (4). Viele Eltern haben vorgeschlagen,
> uns _____ (helfen) (5). Aber wir können es auch allein
> _____ (schaffen) (6).

/6

Beste Freunde Lektion 38 Kopiervorlage: Test

Name: _____ Klasse: _____

Punkte: _____ /23

1 **Ergänze die Präpositionen und die Endungen, wo nötig.**

Fabio …

… gibt manchmal viel Geld _____ sein_____ (1) Zeitschriften aus.

… denkt _____ sein_____ (2) Konsum nach.

… kann nicht einen Tag lang _____ sein_____ (3) Handy verzichten.

… protestiert _____ d____ (4) Müllberge.   /6

2 **Verbinde die Sätze mit *um … zu*, wo möglich. Verbinde alle anderen Sätze mit *damit*.**

1. Meine Mutter näht mir manchmal Röcke. Ich habe besonders schöne Röcke.

   ....

2. Ich tausche mit meinen Freundinnen Kleider. Wir kaufen keine neuen.

   ....

3. Meine Mutter benutzt beim Einkaufen keine Kreditkarte. Sie kauft weniger.

   ....

4. Mein Vater fährt mit dem Rad zum Büro. Er bleibt fit.

   ....   /8

3 **Was ist richtig? Unterstreiche.**

1. Warum behandeln/konsumieren wir immer mehr? Wir haben doch fast alles. Wir kaufen, ohne zu überlegen/jobben, ob wir etwas brauchen.

2. Fast alle Firmen benutzen Werbung/Sucht. Klar! Im Internet, im Radio, im Fernsehen, in den Zahnbürsten/Zeitschriften: Überall sieht man sie. Und die Werbe-Experten haben wahnsinnig/wahr viele Ideen.

3. Wenn eine berühmte Schauspielerin z.B. eine Uhr trägt, dann wollen wir diese Uhr auch kaufen. Denn die Schauspielerin hat großen Erfolg und wir hoffen, das auch zu reichen/erleben.

4. Kinder langweilen sich oft, wenn sie warten müssen. Deshalb stehen an der Kasse im Supermarkt immer Süßigkeiten/Umfragen.

5. Besonders im Gegenteil/Urlaub gibt man viel Geld aus. Denn wir wollen etwas mit nach Hause nehmen, um immer wieder an die schöne Zeit zu denken.

6. Eine Familie hat ein Abenteuer/Experiment gemacht. Sie hat ihren Freunden die neuen Sachen gezeigt, die sie gekauft hat. Nach ein paar Tagen haben auch die Freunde drei von diesen Sachen gekauft.   /9

Name: _____ Klasse: _____

Punkte: _____ /23

1 Was ist richtig? Unterstreiche.

1. Kinder langweilen sich oft, wenn sie warten müssen. Deshalb stehen an der Kasse im Supermarkt immer Süßigkeiten/Umfragen .

2. Warum behandeln/konsumieren wir immer mehr? Wir haben doch fast alles. Wir kaufen, ohne zu überlegen/jobben , ob wir etwas brauchen.

3. Fast alle Firmen benutzen Werbung/Sucht . Klar! Im Internet, im Radio, im Fernsehen, in den Zahnbürsten/Zeitschriften : Überall sieht man sie. Und die Werbe-Experten haben wahnsinnig/wahr viele Ideen.

4. Wenn eine berühmte Schauspielerin z.B. eine Uhr trägt, dann wollen wir diese Uhr auch kaufen. Denn die Schauspielerin hat großen Erfolg und wir hoffen, das auch zu reichen/erleben .

5. Eine Familie hat ein Abenteuer/Experiment gemacht. Sie hat ihren Freunden die neuen Sachen gezeigt, die sie gekauft hat. Nach ein paar Tagen haben auch die Freunde drei von diesen Sachen gekauft

6. Besonders im Gegenteil/Urlaub gibt man viel Geld aus. Denn wir wollen etwas mit nach Hause nehmen, um immer wieder an die schöne Zeit zu denken. _____ /9

2 Verbinde die Sätze mit *um … zu*, wo möglich. Verbinde alle anderen Sätze mit *damit*.

1. Meine Mutter benutzt beim Einkaufen keine Kreditkarte. Sie kauft weniger.

....

2. Ich tausche mit meinen Freundinnen Kleider. Wir kaufen keine neuen.

....

3. Mein Vater fährt mit dem Rad zum Büro. Er bleibt fit.

....

4. Meine Mutter näht mir manchmal Röcke. Ich habe besonders schöne Röcke.

.... /8

3 Ergänze die Präpositionen und die Endungen, wo nötig.

Fabio …

… denkt _____ sein____ (1) Konsum nach.

… gibt manchmal viel Geld _____ sein____ (2) Zeitschriften aus.

… protestiert _____ d____ (3) Müllberge.

… kann nicht einen Tag lang _____ sein____ (4) Handy verzichten. _____ /6

Beste Freunde Lektion 39 Kopiervorlage: Test

Name: _____ Klasse: _____

Punkte: _____ /26

1 Einen Monat keine Schule! Ergänze *würd-* in der richtigen Form und den passenden Infinitiv.

> aufregen ✳ verbringen ✳ verlassen ✳ kümmern

1. Ich _____ mein Zimmer nie _____

   Denn dort stehen meine Playstation und mein Computer.

2. Leon und Pia _____ den ganzen Tag zusammen _____

   Sie sind so verliebt! ❤ ❤ ❤

3. Mein Bruder _____ sich die ganze Zeit um sein Pferd _____

4. Und meine Schwester _____ sich _____ Nur sie geht gern

   zur Schule, sie ist kein normaler Mensch. _____ /8

2 Was ist richtig? Unterstreiche.

- ■ Auf wen/Worauf (1) bist du so sauer?
- ▲ Auf meinen Bruder. Wir haben uns gestritten.
- ■ Über wen/Worüber (2) denn?
- ▲ Über sein Verhalten. Er hat zwei Stunden mit seiner Freundin telefoniert und

  mir nicht bei den Hausaufgaben geholfen. _____ /2

3 Ergänze die Präpositionen und die Endungen.

Jungen sprechen nicht gern _____ ihr_____ (1) Gefühle.

Auch wenn sie die ganze Zeit _____ ihr_____ (2) Freundin

denken. Jungen regen sich manchmal _____ (3) unwichtige

Sachen auf und streiten sich laut _____ ihr_____ (4) Freunden.

Mädchen reden gern _____ ihr_____ (5) Freundinnen _____

ihr_____ (6) Beziehung. Mädchen sind oft sauer _____

d_____ (7) Jungen. _____ /10

4 Was passt nicht? Streiche durch. Ergänze dann bei den Wörtern, die nicht gestrichen sind, die Genitivendung, wo nötig.

1. die Gefühle

... d_____ Futter _____

... d_____ Tiere _____

... sein_____ Partner _____ *(Singular)*

2. die Treue

... d_____ Schwäne _____

... d_____ Symbol _____

... d_____ Paar _____ _____ /6

Name: _____ Klasse: _____

Punkte: _____ /26

1 **Was ist richtig? Unterstreiche.**

■ Auf wen/Worauf (1) bist du so sauer?

▲ Auf meinen Bruder. Wir haben uns gestritten.

■ Über wen/Worüber (2) denn?

▲ Über sein Verhalten. Er hat zwei Stunden mit seiner Freundin telefoniert

und mir bei den Hausaufgaben nicht geholfen. _____ /2

2 **Ergänze die Präpositionen und die Endungen.**

Mädchen reden gern _____ ihr _____ (1) Freundinnen _____

ihr _____ (2) Beziehung. Mädchen sind oft sauer _____

d_____ (3) Jungen.

Jungen sprechen nicht gern _____ ihr _____ (4) Gefühle. Auch

wenn sie die ganze Zeit _____ ihr _____ (5) Freundin denken.

Jungen regen sich manchmal _____ (6) unwichtige Sachen

auf und streiten sich laut _____ ihr _____ (7) Freunden.

_____ /10

3 **Was passt nicht? Streiche durch. Ergänze dann bei den Wörtern, die nicht gestrichen sind, die Genitivendung, wo nötig.**

1. die Gefühle

... d_____ Futter _____

... d_____ Tiere _____

... sein_____ Partner _____ (Singular)

2. die Treue

... d_____ Schwäne _____

... d_____ Symbol _____

... d_____ Paar _____ /6

4 **Einen Monat keine Schule! Ergänze würd- in der richtigen Form und den passenden Infinitiv.**

aufregen ✖ verbringen ✖ verlassen ✖ kümmern

1. Leon und Pia _____ den ganzen Tag zusammen _____

Sie sind so verliebt! ❤ ❤ ❤

2. Mein Bruder _____ sich die ganze Zeit um sein Pferd _____

3. Ich _____ mein Zimmer nie _____

Denn dort stehen meine Playstation und mein Computer.

4. Und meine Schwester _____ sich _____ Nur sie geht gern

zur Schule, sie ist kein normaler Mensch. _____ /8

Name: _____ Klasse: _____

Punkte: _____ /24

1   **Ergänze in den Ratschlägen 1 bis 4 die richtige Form von *sollen*. Ordne dann zu.**

1. Onkel Tim, du soll_____ nicht so viel rauchen,

2. Die Hafenfirma soll_____ die Rundfahrten besser organisieren,

3. Ihr soll_____ lieber an die Ostsee fahren,

4. Die Schüler soll_____ dieses Gebäude unbedingt besichtigen,

(a) denn sonst hat sie bald keine Passagiere mehr.

(b) denn an der Nordsee ist es oft kälter.

(c) denn es ist eine berühmte Sehenswürdigkeit.

(d) denn du willst ja einen neuen Rekord schaffen.

_____ /6

2   **Wie heißen diese Sehenswürdigkeiten? Ergänze.**

Unsere Tournee in Deutschland

Hey, Fans! Unsere Band war im Mai in Deutschland auf Tournee. Die Konzerte waren super! ☺ Aber wir haben auch viel von Deutschland gesehen: in München das Mün_____ (1) Olympiastadion, in Leipzig den Leip_____ (2) Zoo, in Berlin den Ber_____ (3) Fernsehturm und in Hamburg den Ham_____ (4) Hafen. Das war toll! Wir kommen bald wieder!

_____ /2

3   **Was machst du heute? Verbinde die Sätze mit *während* oder *bevor*.**

1.   9:15   SMS an Tim schreiben   *Bevor ich*

    9:30   frühstücken

2.   10:00 bis   Musiksendung
    11:00   hören, aufräumen

3.   11:00   Tim + Mia treffen!

    13:00   Gitarre üben

_____ /6

4   **Was ist richtig? Unterstreiche.**

Mein Praktikum

Ich gehe noch zur Schule, mache aber gleichzeitig/insgesamt (1) an zwei Tagen pro Woche ein Praktikum bei einer großen Autofirma und ich bin echt arbeitslos/begeistert (2). Ich möchte Auto-Ingenieur werden und steige/genieße (3) das Praktikum hier sehr. Es gibt die Firma seit dem 19. Wagen/Jahrhundert (4) und sie hat insgesamt/schließlich (5) fast 2000 Mitarbeiter/Zuschauer (6). Sehr viele arbeiten in Büros, weil große Kraft/Maschinen (7) und Roboter die Autos machen, nicht Menschen. Ein Ingenieur hat mir das alles gezeigt. Letzten Mittwoch durfte ich auch auf eine Autoausstellung gehen und dort konnte ich die neuen Modelle bewundern/beweisen (8). Mich hat besonders interessiert, wie die neuen Kostüme/Motoren (9) funktionieren/schätzen (10). Das war wirklich interessant.

_____ /10

Name: _____ Klasse: _____

Punkte: _____ /24

1 **Wie heißen diese Sehenswürdigkeiten? Ergänze.**

> **Unsere Tournee in Deutschland**
>
> Hey, Fans! Unsere Band war im Mai in Deutschland auf Tournee. Die Konzerte waren super! ☺ Aber wir haben auch viel von Deutschland gesehen: in München das Mün_____ (1) Olympiastadion, in Leipzig den Leip_____ (2) Zoo, in Berlin den Ber_____ (3) Fernsehturm und in Hamburg den Ham_____ (4) Hafen. Das war toll! Wir kommen bald wieder!

_____ /2

2 **Was ist richtig? Unterstreiche.**

> **Mein Praktikum**
>
> Ich gehe noch zur Schule, mache aber gleichzeitig/insgesamt (1) an zwei Tagen pro Woche ein Praktikum bei einer großen Autofirma und ich bin echt arbeitslos/begeistert (2). Ich möchte Auto-Ingenieur werden und steige/genieße (3) das Praktikum hier sehr. Es gibt die Firma seit dem 19. Wagen/Jahrhundert (4) und sie hat insgesamt/schließlich (5) fast 2000 Mitarbeiter/Zuschauer (6). Sehr viele arbeiten in Büros, weil große Kraft/Maschinen (7) und Roboter die Autos machen, nicht Menschen. Ein Ingenieur hat mir das alles gezeigt. Letzten Mittwoch durfte ich auch auf eine Autoausstellung gehen und dort konnte ich die neuen Modelle bewundern/beweisen (8). Mich hat besonders interessiert, wie die neuen Kostüme/Motoren (9) funktionieren/schätzen (10). Das war wirklich interessant.

_____ /10

3 **Ergänze in den Ratschlägen die richtige Form von *sollen*. Ordne dann zu.**

1. Ihr soll_____ lieber an die Ostsee fahren,

2. Die Schüler soll_____ dieses Gebäude unbedingt besichtigen,

3. Onkel Tim, du soll_____ nicht so viel rauchen,

4. Die Hafenfirma soll_____ die Rundfahrten besser organisieren,

(a) denn sonst hat sie bald keine Passagiere mehr.

(b) denn an der Nordsee ist es oft kälter.

(c) denn es ist eine berühmte Sehenswürdigkeit.

(d) denn du willst ja einen neuen Rekord schaffen.

_____ /6

4 **Was machst du heute? Verbinde die Sätze mit *während* oder *bevor*.**

1.	9:15	SMS an Tim schreiben	*Bevor ich* _____
	9:30	frühstücken	
2.	10:00 bis 11:00	Musiksendung hören, aufräumen	_____
3.	11:00	Tim + Mia treffen!	_____
	13:00	Gitarre üben	

_____ /6

Name: _____ Klasse: _____

Punkte: _____ /22

1 **Ergänze in der richtigen Form.**

▲ Was ist denn los? Bist du wegen _____ (das Foto) (1) noch sauer?

■ Nein, aber wegen _____ (die Noten) (2) im

Zeugnis. Wegen _____ (eine Fünf) (3) in

Mathe und in Deutsch. Mein Vater meint, dass ich wegen

_____ (das Pferd) (4) nicht genug für die Schule lerne.

▲ Ja, ja. Ich kenne das Problem. Auch meine Eltern glauben, dass ich wegen

_____ (mein Hund) (5) so schlecht in der Schule bin. _____ /5

2 **Ergänze die Relativpronomen.**

wilde-tiere-info.de

1. Die größten Vogelspinnen, _____ es in Europa gibt, leben auf Zypern. > mehr	3. Gibt es Wasserschildkröten, _____ Mineralwasser besser als Regenwasser schmeckt? > mehr
2. Der Fuchs Ole, _____ das Tierheim immer Futter gibt, ist bald wieder gesund. > mehr	4. Der große Preis ist für das Zoo-geschäft, _____ den Tieren das beste Leben bietet. > mehr

_____ /4

3 **Verbinde die Sätze mit Relativpronomen.**

1. In unserem Garten gibt es einen großen schwarzen Vogel. Er baut dort sein Nest.

_____

2. Das ist der braune Hund. Ich habe ihn auch gestern gesehen.

_____

3. Wo ist denn das graue Kätzchen? Meine Schwester gibt ihm jeden Tag Futter.

_____ _____ /6

4 **Verbinde die Sätze mit *zwar* und *aber*.**

1. Das Foto ist peinlich. Ich finde deine Reaktion übertrieben.

_____

2. Ich wohne in einer großen Stadt. In unserem Garten leben wilde Enten.

_____ _____ /4

5 **Was passt nicht? Streiche durch.**

1. Das finde ich unmöglich! Zahnpasta im Gesicht — ein großes Loch im Pullover —
das wunderbare Foto

2. Das finde ich verständlich! deine wütende Reaktion — die große Fledermaus —
Marias Verhalten

3. Das finde ich super! ein Kätzchen im Garten — eine gute Note in Deutsch —
eine Vogelspinne im Bett _____ /3

Name: _____ Klasse: _____

Punkte: _____ /22

1 **Was passt nicht? Streiche durch.**

1. Das finde ich unmöglich!: Zahnpasta im Gesicht — ein großes Loch im Pullover — das wunderbare Foto

2. Das finde ich verständlich! deine wütende Reaktion — die große Fledermaus — Marias Verhalten

3. Das finde ich in super!: ein Kätzchen im Garten — eine gute Note in Deutsch — eine Vogelspinne im Bett _____ /3

2 **Ergänze die Relativpronomen.**

wilde-tiere-info.de

1. Die größten Vogelspinnen, _____ es in Europa gibt, leben auf Zypern. > mehr

2. Der Fuchs Ole, _____ das Tierheim immer Futter gibt, ist bald wieder gesund. > mehr

3. Gibt es Wasserschildkröten, _____ Mineralwasser besser als Regenwasser schmeckt? > mehr

4. Der große Preis ist für das Zoo- geschäft, _____ den Tieren das beste Leben bietet. > mehr

_____ /4

3 **Verbinde die Sätze mit *zwar* und *aber*.**

1. Ich wohne in einer großen Stadt. In unserem Garten leben wilde Enten.

_____

2. Das Foto ist peinlich. Ich finde deine Reaktion übertrieben.

_____ _____ /4

4 **Verbinde die Sätze mit Relativpronomen.**

1. Wo ist denn das graue Kätzchen? Meine Schwester gibt ihm jeden Tag Futter.

_____

2. In unserem Garten gibt es einen großen schwarzen Vogel. Er baut dort sein Nest.

_____

3. Das ist der braune Hund. Ich habe ihn auch gestern gesehen.

_____ _____ /6

5 **Ergänze in der richtigen Form.**

▲ Was ist denn los? Bist du wegen _____ (das Foto) (1) noch sauer?

■ Nein, aber wegen _____ (die Noten) (2) im Zeugnis. Wegen _____ (eine Fünf) (3) in Mathe und in Deutsch. Mein Vater meint, dass ich wegen

_____ (das Pferd) (4) nicht genug für die Schule lerne.

▲ Ja, ja. Ich kenne das Problem. Auch meine Eltern glauben, dass ich wegen

_____ (mein Hund) (5) so schlecht in der Schule bin. _____ /5

Test A

Name: _____ Klasse: _____

Punkte: _____ /19,5

1 **Was passt? Ordne zu.**

1. Ich mache eine Präsentation zum Thema „Fleisch essen – ja oder nein?".

2. Zuerst spreche ich über meine eigenen Erfahrungen.

3. Dann erzähle ich von der Situation in meinem Heimatland.

4. Ich erkläre dann die Vorteile und die Nachteile.

5. Und dann sage ich meine persönliche Meinung.

6. Damit komme ich zum Schluss meines Vortrags.

a) Ich sage, was ich erlebt habe und was ich weiß.

b) Ich sage, was positiv und was negativ ist.

c) Ich sage, was der Inhalt meines Vortrags ist.

d) Ich beende meine Präsentation.

e) Ich sage, wie ich das alles finde.

f) Ich sage, wie es bei uns ist.

_____ /6

2a **Ergänze die Endungen.**

Ihr liebt die einfach____ (1) Küche? Dann ist das ganz sicher etwas für euch:

Milchreis					
Ihr braucht dafür:			**Dann braucht ihr noch:**		

Ihr braucht dafür:
• 1 l frisch_____ (2) Milch • 100 g weiß_____ (4) Zucker
• 250 g gut_____ (3) Reis • Salz

Dann braucht ihr noch:
• 500 g süß_____ (5) Äpfel

_____ /2,5

2b **Was ist richtig? Unterstreiche.**

Also, für dieses leckere Gericht/Pfanne (1) müsst ihr zuerst die Milch, den Reis und

den Zucker in einem Topf schneiden/vermischen (2). Dann ungefähr/persönlich (3)

30 Minuten kochen und mit etwas Salz würzen/flach drücken (4).

Für die Zutaten/Soße (5) die Äpfel würzen/schälen (6), schneiden und zehn Minuten

kochen. Am Schluss müsst ihr noch die Äpfel zum Reis dazugeben/reiben (7).

Guten Appetit/Geschmack (8)!

_____ /8

3 **Lies die Fragen. Ergänze dann die indirekten Fragen.**

Kochforum.de	
Daniel	Wie viele TL sind ein Esslöffel?
Alina	Kann man Käseeis machen?
Theo	Findet das große Wurstfestival an diesem Wochenende statt?

1. Daniel möchte wissen, _____

2. Alina würde gern wissen, _____

3. Theo fragt, _____

_____ /3

Name: _____ Klasse: _____

Punkte: _____ /19,5

1a Ergänze die Endungen.

Ihr liebt die einfach_____ (1) Küche? Dann ist das ganz sicher etwas für euch:

Milchreis

Ihr braucht dafür:
• 1 l frisch_____ (2) Milch • 100 g weiß_____ (4) Zucker
• 250 g gut_____ (3) Reis • Salz

Dann braucht ihr noch:
• 500 g süß_____ (5) Äpfel

_____ /2,5

1b Was ist richtig? Unterstreiche.

Also, für dieses leckere Gericht / Pfanne (1) müsst ihr zuerst die Milch, den Reis und den Zucker in einem Topf schneiden / vermischen (2). Dann ungefähr / persönlich (3) 30 Minuten kochen und mit etwas Salz würzen / flach drücken (4).

Für die Zutaten / Soße (5) die Äpfel würzen / schälen (6), schneiden und zehn Minuten kochen. Am Schluss müsst ihr noch die Äpfel zum Reis dazugeben / reiben (7).

Guten Appetit / Geschmack (8)!

_____ /8

2 Lies die Fragen. Ergänze dann die indirekten Fragen.

Kochforum.de	
Daniel	Wie viele TL sind ein Esslöffel?
Alina	Kann man Käseeis machen?
Theo	Findet das große Wurstfestival an diesem Wochenende statt?

1. Daniel möchte wissen, _____

2. Alina würde gern wissen, _____

3. Theo fragt, _____

_____ /3

3 Was passt? Ordne zu.

1. Ich mache eine Präsentation zum Thema „Fleisch essen – ja oder nein?".

2. Zuerst spreche ich über meine eigenen Erfahrungen.

3. Dann erzähle ich von der Situation in meinem Heimatland.

4. Ich erkläre dann die Vorteile und die Nachteile.

5. Und dann sage ich meine persönliche Meinung.

6. Damit komme ich zum Schluss meines Vortrags.

a) Ich sage, was ich erlebt habe und was ich weiß.

b) Ich sage, was positiv und was negativ ist.

c) Ich sage, was der Inhalt meines Vortrags ist.

d) Ich beende meine Präsentation.

e) Ich sage, wie ich das alles finde.

f) Ich sage, wie es bei uns ist.

_____ /6

Name: _____ Klasse: _____

Punkte: _____ /28

1 **Ergänze Präpositionen und Relativpronomen.**

1. Meine Mutter hat auf ihrem Smartphone ein Programm, _____ sie alle
   Mütter beneiden. Sie weiß immer, dass es mir gut geht.

2. Ich habe eine App, _____ ich nicht verzichten kann. Damit finde
   ich mehr als 100.000 Übungen, _____ ich Chemie besser lernen kann.

3. Im Forum, _____ ich mitmache, findet man viele interessante
   Informationen über Apps.   _____ /8

2 **Ergänze die Verben im Präteritum.**

Im Schwimmbad

Alles _____ (beginnen) (1) mit einem tollen Film. Da _____ (sein) (2)
vier Freunde, die einen Dieb _____ (suchen) (3). Denn er hatte ein wichtiges
Computerprogramm gestohlen. So etwas _____ (wollen) (4) Tom, Max und
ich auch erleben. An einem schönen Sonntag _____ (gehen) (5) wir ins
Schwimmbad. Uns gegenüber _____ (sitzen) (6) ein Mann, der komisch
_____ (aussehen) (7). Wir _____ (denken) (8), der ist wahrscheinlich ein
Dieb. Deshalb _____ (schwimmen) (9) wir nie alle zusammen. Einer von uns
_____ auf die Sachen _____ (aufpassen) (10). Wir _____ (warten) (11)
bis zum Nachmittag, aber nichts _____ (passieren) (12). Als wir unsere Sachen
_____ (packen) (13), _____ der Mann _____ (aufstehen) (14) und
_____ (sagen) (15) zu uns: „Ich arbeite schon 20 Jahre hier. Ihr seid die Ersten,
die so gut auf ihre Sachen aufgepasst haben. Bravo!"

_____ /15

3 **Ergänze. Wo wohnt der Dieb?**

abbiegen ✖ entlanggehen ✖ gehen + über ✖ gehen + um ✖ gegenüber

1. Schulstraße

2.

3. Brückenstraße

4. Marktplatz

5. Marktplatz Bäckerei Straße Wohnung

Zuerst _____ er die Schulstraße _____ (1). Dann _____
er rechts _____ (2) die Ecke und _____ gleich wieder links in die
Brückenstraße _____ (3). Jetzt _____ er _____ (4) den
Marktplatz und noch 500 m weiter. Aha! Er wohnt _____ (5) der Bäckerei. _____ /5

Name: _____   Klasse: _____

1 **Ergänze. Wo wohnt der Dieb?**

| abbiegen | entlanggehen | gehen + über | gehen + um | gegenüber |

1. Schulstraße →

2.

3. Brückenstraße

4. Marktplatz →

5. Marktplatz | Bäckerei | Straße | Wohnung

Zuerst _____ er die Schulstraße _____ (1). Dann _____

er rechts _____ (2) die Ecke und _____ gleich wieder links in die

Brückenstraße _____ (3). Jetzt _____ er _____ (4) den

Marktplatz und noch 500 m weiter. Aha! Er wohnt _____ (5) der Bäckerei. ____ /5

2 **Ergänze Präpositionen und Relativpronomen.**

1. Ich habe eine App, _____ ich nicht verzichten kann. Damit finde ich

   mehr als 100.000 Übungen, _____ ich Chemie besser lernen kann.

2. Im Forum, _____ ich mitmache, findet man viele interessante

   Informationen über Apps.

3. Meine Mutter hat auf ihrem Smartphone ein Programm, _____ sie alle

   Mütter beneiden. Sie weiß immer, dass es mir gut geht. ____ /8

3 **Ergänze die Verben im Präteritum.**

Im Schwimmbad

Alles _____ (beginnen) (1) mit einem tollen Film. Da _____ (sein) (2)

vier Freunde, die einen Dieb _____ (suchen) (3). Denn er hatte ein wichtiges

Computerprogramm gestohlen. So etwas _____ (wollen) (4) Tom, Max und

ich auch erleben. An einem schönen Sonntag _____ (gehen) (5) wir ins

Schwimmbad. Uns gegenüber _____ (sitzen) (6) ein Mann, der komisch

_____ (aussehen) (7). Wir _____ (denken) (8), der ist wahrscheinlich ein

Dieb. Deshalb _____ (schwimmen) (9) wir nie alle zusammen. Einer von uns

_____ auf die Sachen _____ (aufpassen) (10). Wir _____ (warten) (11)

bis zum Nachmittag, aber nichts _____ (passieren) (12). Als wir unsere Sachen

_____ (packen) (13), _____ der Mann _____ (aufstehen) (14) und

_____ (sagen) (15) zu uns: „Ich arbeite schon 20 Jahre hier. Ihr seid die Ersten,

die so gut auf ihre Sachen aufgepasst haben. Bravo!"

____ 15

Name: _____   Klasse: _____

Punkte: _____ /20

1 **Verbinde mit *obwohl* oder *weil*. Schreib vier Sätze.**

1. Er möchte Dolmetscher werden.	(a) Er ist für diesen Beruf geeignet.
	(b) Er ist nicht zweisprachig aufgewachsen.
2. Die Kommunikation auf Deutsch war gut.	(a) Ich spreche nicht alle Wörter richtig aus.
	(b) Ich lerne schon seit zwei Jahren Deutsch.

1 + (a) Er möchte Dolmetscher werden, _____

_____

1 + (b) Er möchte Dolmetscher werden, _____

_____

2 + (a) Die Kommunikation _____

_____

2 + (b) Die Kommunikation _____

_____

_____ /8

2 **Ergänze die Verben im Plusquamperfekt.**

Der englische Mathematiker George Boole _____ selbst nie

_____ *(studieren)* (1), war dann aber ab 1849 Mathematik-Professor

am Queen's College in Irland. Bevor er Professor wurde, _____ er viele

Jahre als Lehrer _____ *(arbeiten)* (2). Im Jahr 1844 _____ er

einen wichtigen Artikel über die Mathematik _____ *(schreiben)* (3)

und _____ berühmt _____ *(werden)* (4). In der Schule war

er besonders gut in Mathematik (natürlich), aber er interessierte sich auch für

Sprachen. Bevor er 16 Jahre alt wurde, _____ er ganz allein Deutsch,

Altgriechisch und Französisch _____ *(lernen)* (5)!

_____ /5

3 **Was ist richtig? Unterstreiche.**

Fremdsprachen braucht man im Studium, beruflich/zweisprachig (1) oder
auch wenn man reist. Kann man aber Sprachen ohne viel Einführung/Mühe (2)
lernen? Besonders schwer sind natürlich die Sprachen, die auch eine andere
Schrift/Alphabet (3) haben. Leider hat man noch kein Programm
erfunden/bestanden (4), mit dem man Sprachen schnell lernen kann. Deshalb
braucht man Zeit und Übung, damit man die Bedeutung/Literatur (5) der
Wörter lernt. Aber das reicht/spricht (6) nicht aus. Man muss die Wörter
auch oft benutzen, am besten in alltäglichen/geheimen (7) Situationen.

_____ /7

Name: _____ Klasse: _____

Punkte: _____ /20

1 **Was ist richtig? Unterstreiche.**

Fremdsprachen braucht man im Studium, beruflich/zweisprachig (1) oder
auch wenn man reist. Kann man aber Sprachen ohne viel Einführung/Mühe (2)
lernen? Besonders schwer sind natürlich die Sprachen, die auch eine andere
Schrift/Alphabet (3) haben. Leider hat man noch kein Programm
erfunden/bestanden (4), mit dem man Sprachen schnell lernen kann. Deshalb
braucht man Zeit und Übung, damit man die Bedeutung/Literatur (5) der
Wörter lernt. Aber das reicht/spricht (6) nicht aus. Man muss die Wörter
auch oft benutzen, am besten in alltäglichen/geheimen (7) Situationen.

_____ /7

2 **Verbinde mit *obwohl* oder *weil*. Schreib vier Sätze.**

1. Die Kommunikation auf Deutsch war gut.	(a) Ich spreche nicht alle Wörter richtig aus.
	(b) Ich lerne schon seit zwei Jahren Deutsch.
2. Er möchte Dolmetscher werden.	(a) Er ist für diesen Beruf geeignet.
	(b) Er ist nicht zweisprachig aufgewachsen.

1 + (a) Die Kommunikation _____

1 + (b) Die Kommunikation _____

2 + (a) Er möchte Dolmetscher werden, _____

2 + (b) Er möchte Dolmetscher werden, _____

_____ /8

3 **Ergänze die Verben im Plusquamperfekt.**

Der englische Mathematiker George Boole _____ selbst nie
_____ (studieren) (1), war dann aber ab 1849 Mathematik-Professor
am Queen's College in Irland. Bevor er Professor wurde, _____ er viele
Jahre als Lehrer _____ (arbeiten) (2). Im Jahr 1844 _____ er
einen wichtigen Artikel über die Mathematik _____ (schreiben) (3)
und _____ berühmt _____ (werden) (4). In der Schule war
er besonders gut in Mathematik (natürlich), aber er interessierte sich auch für
Sprachen. Bevor er 16 Jahre alt wurde, _____ er ganz allein Deutsch,
Altgriechisch und Französisch _____ (lernen) (5)!

_____ /5

Beste Freunde Lektion 45 Kopiervorlage: Test

Name: _____ Klasse: _____

Punkte: _____ /20

1 **Verbinde die Sätze.**

1. Leon macht seine Hausaufgaben. Dann sucht er im Internet ein neues Projekt. *(nachdem)*

....

....

2. Er hatte vor sechs Monaten eine Anzeige für das Projekt „Schüler helfen Senioren"
gelesen. Er hatte sich sofort angemeldet. *(als)*

....

....

3. Er hat da drei Monate mitgemacht. Er hat ein Zertifikat bekommen. *(nachdem)*

....

....

_____ /6

2 **Ergänze das passende Relativpronomen.**

> **Schüler helfen Senioren**
>
> Mich nervt alles, _____ (1) mein Bruder macht. Aber jetzt macht er etwas,
> _____ (2) ich ganz toll finde. Ich bin wirklich stolz auf ihn. Im Altenheim,
> _____ (3) unser Opa wohnt, suchte man Jugendliche, _____ (4) den
> Senioren Computerunterricht geben. Und da hat er sich angemeldet. Das Projekt,
> bei _____ (5) er mitmacht, heißt „Schüler helfen Senioren" und ist eine super
> Idee. Leider gibt es aber nichts, _____ (6) ich übernehmen könnte. ☺

_____ /6

3 **Finde acht Wörter und ergänze die Sätze.**

ELCFAHRTENNZSOWOHLBTKAPITÄNBEHEIMLICHWASATTVSGESETZWS
KONTINENTENBVSEEFAHRERXAR

Herr Meier ist 85 Jahre alt und lebt im Altenheim. 35 Jahre lang arbeitete
er auf Schiffen. Dort war sein Wort _____ (1), denn er war der
_____ (2). Wie alle _____ (3) war er in sehr vielen
Häfen. _____ (4) in Europa als auch in Asien war er ganz oft,
aber natürlich auch auf allen anderen _____ (5). Jetzt ist er alt und darf vieles
nicht. Süßigkeiten z.B. darf er nicht essen. Er isst aber immer wieder _____ (6)
Schokolade. Heute hat er zu viel gegessen und ist schon _____ (7). Sein
Mittagessen will er nicht essen, denn er hat keinen Hunger mehr. Außerdem schmeckt
es ihm nicht besonders. Nur von seinen langen _____ (8) erzählt er immer
noch gern.

_____ /8

Name: _____ Klasse: _____

Punkte: _____ /20

1 Finde acht Wörter und ergänze die Sätze.

ELCFAHRTENNZSOWOHLBTKAPITÄNBEHEIMLICHWASATTVSGESETZWS
KONTINENTENBVSEEFAHRERXAR

Herr Meier ist 85 Jahre alt und lebt im Altenheim. 35 Jahre lang arbeitete er auf Schiffen. Dort war sein Wort _____ (1), denn er war der _____ (2). Wie alle _____ (3) war er in sehr vielen Häfen. _____ (4) in Europa als auch in Asien war er ganz oft, aber natürlich auch auf allen anderen _____ (5). Jetzt ist er alt und darf vieles nicht. Süßigkeiten z. B. darf er nicht essen. Er isst aber immer wieder _____ (6) Schokolade. Heute hat er zu viel gegessen und ist schon _____ (7). Sein Mittagessen will er nicht essen, denn er hat keinen Hunger mehr. Außerdem schmeckt es ihm nicht besonders. Nur von seinen langen _____ (8) erzählt er immer noch gern.

_____ /8

2 Ergänze das passende Relativpronomen.

Schüler helfen Senioren

Mich nervt alles, _____ (1) mein Bruder macht. Aber jetzt macht er etwas, _____ (2) ich ganz toll finde. Ich bin wirklich stolz auf ihn. Im Altenheim, _____ (3) unser Opa wohnt, suchte man Jugendliche, _____ (4) den Senioren Computerunterricht geben. Und da hat er sich angemeldet. Das Projekt, bei _____ (5) er mitmacht, heißt „Schüler helfen Senioren" und ist eine super Idee. Leider gibt es aber nichts, _____ (6) ich übernehmen könnte. ☺

_____ /6

3 Verbinde die Sätze.

1. Leon macht seine Hausaufgaben. Dann sucht er im Internet ein neues Projekt. *(nachdem)*

_____

_____

2. Er hatte vor sechs Monaten eine Anzeige für das Projekt „Schüler helfen Senioren" gelesen. Er hatte sich sofort angemeldet. *(als)*

_____

_____

3. Er hat da drei Monate mitgemacht. Er hat ein Zertifikat bekommen. *(nachdem)*

_____

_____

_____ /6

Transkriptionen Kursbuch

1 **Lektion 37, 5a und b**

Frau: Fabio, hier ist Mama. Stell dir vor, eine Kollegin von mir ist plötzlich krank geworden und jetzt muss ich am Samstag – also morgen! - zur Arbeit gehen! Deshalb können wir jetzt doch nicht bei Tante Stefanie übernachten, sondern müssen heute Abend noch nach Hause fahren. Nun hast du doch nicht sturmfrei! Das tut mir leid. Wir kommen so gegen zehn. Tschüss!

2 **Lektion 37, 7b und c**

Mann: Und hier noch die Verkehrsmeldungen: Achtung , wenn Sie Richtung Südplatz unterwegs sind. Dort gibt es jetzt gerade einen Tanz-Flashmob, und der verursacht einen Stau auf der Schenkendorf- und auf der Karl-Liebknecht-Straße. Also: Wenn Sie zum Südplatz müssen, dann nehmen Sie jetzt besser die Straßenbahn als das Auto.

3 **Lektion 38, 2a (Teil 1)**

Moderator: Herzlich willkommen zu unserer Sendung „Stadtgespräch", liebe Hörerinnen und Hörer. Ich möchte heute mit zwei Gästen über das Thema Konsum sprechen, denn heute ist der 29. November und – was viele gar nicht wissen – dieser letzte Samstag im November ist der „Kauf-nix-Tag". Was das genau bedeutet, erklärt uns gleich mal mein Studiogast Frederik Hauser. Er ist Schüler der 10. Klasse der Gutenbergschule in Köln und seine Schule macht heute mit beim Kauf nix-Tag. Hallo Frederick! Ich darf doch „du" sagen?

Frederick: Hallo! Ja, klar.

Moderator: Und ich begrüße Mina Waller, eine junge Bloggerin aus Berlin. Sie hat ein Jahr lang Shopping-Pause gemacht und deshalb ist sie heute hier. Herzlich willkommen, Frau Waller.

Mina Waller: Hallo!

4 **Lektion 38, 2b (Teil 2)**

Moderator: Frederick, was ist das genau, der Kauf-nix-Tag?

Frederick: Ganz einfach, wir machen es wie viele andere Menschen in anderen Ländern auch: Wir kaufen an diesem Tag gar nichts.

Moderator: Aha. Und wozu das Ganze? Macht ihr das, damit das Geld für die Weihnachtsgeschenke reicht?

Frederick: Nee, ganz sicher nicht! Wir haben im Unterricht einen Film über das Thema Konsum gesehen. Eine junge Frau hat da von dem Kauf-nix-Tag erzählt. Und dann hatten wir die Idee, da auch mitzumachen.

Moderator: Okay, aber was ist der Sinn dieser Aktion? Es ist doch gar nicht so schwer, einen Tag lang nichts zu kaufen.

Frederick: Wenn man mal einen Tag lang gar nichts kaufen darf, dann überlegt man ja schon mal: Warum will ich das jetzt haben? Brauche ich das wirklich? Und genau das ist wichtig. Oft kaufen wir die Dinge ja nur, weil wir sie in der Werbung oder bei Freunden gesehen haben.

Moderator: Wir sollen also besser nachdenken, bevor wir etwas kaufen?

Frederick: Ja, genau. Dann ist da ja auch noch die Sache mit dem Müll. Konsum ist einfach schlecht für die Umwelt, der ganze Plastikmüll und so.

Moderator: Macht denn die ganze Schule mit?

Frederick: Ja. Wir haben im Unterricht und in den Pausen viel diskutiert und bei unserer letzten Umfrage waren dann 85% der Schüler und 95% der Lehrer dafür. Auch viele Eltern machen mit.

5 **Lektion 38, 2c (Teil 3)**

Moderator: Frau Waller, Sie haben ja so eine Art „Kauf-nix-Jahr" hinter sich. Sie haben ein Jahr lang auf neue Kleidung verzichtet. Warum?

Waller: Manchmal kann ja Shoppen wie eine Sucht sein. Immer, wenn ich mich schlecht gefühlt habe, habe ich wieder etwas gekauft. Und irgendwann war klar: So kann das nicht weitergehen. Und dann hatte ich diese Idee mit dem Jahr Shopping-Pause.

Moderator: Und wie war dann das Gefühl, plötzlich nicht mehr zu shoppen?

Waller: Am Anfang war es echt hart. Ich bin gar nicht mehr in die Stadt gegangen.

Moderator: Und Ihre Erfahrungen waren ja auch für viele andere interessant.

Waller: Ja, verrückt, oder? Deshalb habe ich diesen Blog geschrieben.

Moderator: Das war bestimmt die beste Werbung für Ihr Projekt.

Waller: Stimmt. Mittlerweile gibt es schon ganz viele, die auch ein Jahr Shopping-Pause machen.

Moderator: Ihr Experiment ist jetzt zu Ende. Macht Sie Einkaufen immer noch glücklich?

Waller: Ja, sogar glücklicher als vorher. Weil ich jetzt viel mehr nachdenke und nicht mehr so oft shoppen gehe. Ich stelle jetzt auch viel mehr selbst her. Das ist doch schon mal ein Erfolg. Ich nähe Kleider und Hosen und stricke Pullover.

Moderator: Und du, Frederick? Gibt es bei dir vielleicht auch bald einen Kauf-nix-Monat oder ein Kauf-nix-Jahr?

Frederick: Die Idee ist nicht schlecht. Dieses Jahr wünsche ich mir schon mal kein neues Handy zu Weihnachten. Mein altes Smartphone funktioniert ja noch. Ich möchte erst ein neues, wenn das hier wirklich kaputt ist. Vielleicht verzichte ich dann ja nächstes Jahr ganz auf Weihnachtsgeschenke.

Moderator: Ich bedanke mich für dieses interessante Gespräch.

6   Lektion 38, 2d

Moderator: Herzlich willkommen zu unserer Sendung „Stadtgespräch", liebe Hörerinnen und Hörer. Ich möchte heute mit zwei Gästen über das Thema Konsum sprechen, denn heute ist der 29. November und – was viele gar nicht wissen – dieser letzte Samstag im November ist der „Kauf-nix-Tag". Was das genau bedeutet, erklärt uns gleich mal mein Studiogast Frederik Hauser. Er ist Schüler der 10. Klasse der Gutenbergschule in Köln und seine Schule macht heute mit beim Kauf nix-Tag. Hallo Frederick! Ich darf doch „du" sagen?

Frederick: Hallo! Ja, klar.

Moderator: Und ich begrüße Mina Waller, eine junge Bloggerin aus Berlin. Sie hat ein Jahr lang Shopping-Pause gemacht und deshalb ist sie heute hier. Herzlich willkommen, Frau Waller.

Mina Waller: Hallo!

Moderator: Frederick, was ist das genau, der Kauf-nix-Tag?

Frederick: Ganz einfach, wir machen es wie viele andere Menschen in anderen Ländern auch: Wir kaufen an diesem Tag gar nichts.

Moderator: Aha. Und wozu das Ganze? Macht ihr das, damit das Geld für die Weihnachtsgeschenke reicht?

Frederick: Nee, ganz sicher nicht! Wir haben im Unterricht einen Film über das Thema Konsum gesehen. Eine junge Frau hat da von dem Kauf-nix-Tag erzählt. Und dann hatten wir die Idee, da auch mitzumachen.

Moderator: Okay, aber was ist der Sinn dieser Aktion? Es ist doch gar nicht so schwer, einen Tag lang nichts zu kaufen.

Frederick: Wenn man mal einen Tag lang gar nichts kaufen darf, dann überlegt man ja schon mal: Warum will ich das jetzt haben? Brauche ich das wirklich? Und genau das ist wichtig. Oft kaufen wir die Dinge ja nur, weil wir sie in der Werbung oder bei Freunden gesehen haben.

Moderator: Wir sollen also besser nachdenken, bevor wir etwas kaufen?

Frederick: Ja, genau. Dann ist da ja auch noch die Sache mit dem Müll. Konsum ist einfach schlecht für die Umwelt, der ganze Plastikmüll und so.

Moderator: Macht denn die ganze Schule mit?

Frederick: Ja. Wir haben im Unterricht und in den Pausen viel diskutiert und bei unserer letzten Umfrage waren dann 85% der Schüler und 95% der Lehrer dafür. Auch viele Eltern machen mit.

Moderator: Frau Waller, Sie haben ja so eine Art „Kauf-nix-Jahr" hinter sich. Sie haben ein Jahr lang auf neue Kleidung verzichtet. Warum?

Waller: Manchmal kann ja Shoppen wie eine Sucht sein. Immer, wenn ich mich schlecht gefühlt habe, habe ich wieder etwas gekauft. Und irgendwann war klar: So kann das nicht weitergehen. Und dann hatte ich diese Idee mit dem Jahr Shopping-Pause.

Moderator: Und wie war dann das Gefühl, plötzlich nicht mehr zu shoppen?

Waller: Am Anfang war es echt hart. Ich bin gar nicht mehr in die Stadt gegangen.

Moderator: Und Ihre Erfahrungen waren ja auch für viele andere interessant.

Waller: Ja, verrückt, oder? Deshalb habe ich diesen Blog geschrieben.

Moderator: Das war bestimmt die beste Werbung für Ihr Projekt.

Waller: Stimmt. Mittlerweile gibt es schon ganz viele, die auch ein Jahr Shopping-Pause machen.

Moderator: Ihr Experiment ist jetzt zu Ende. Macht Sie Einkaufen immer noch glücklich?

Waller: Ja, sogar glücklicher als vorher. Weil ich jetzt viel mehr nachdenke und nicht mehr so oft shoppen gehe. Ich stelle jetzt auch viel mehr selbst her. Das ist doch schon mal ein Erfolg. Ich nähe Kleider und Hosen und stricke Pullover.

Moderator: Und du, Frederick? Gibt es bei dir vielleicht auch bald einen Kauf-nix-Monat oder ein Kauf-nix-Jahr?

Frederick: Die Idee ist nicht schlecht. Dieses Jahr wünsche ich mir schon mal kein neues Handy zu Weihnachten. Mein altes Smartphone funktioniert ja noch. Ich möchte erst ein neues, wenn das hier wirklich kaputt ist. Vielleicht verzichte ich dann ja nächstes Jahr ganz auf Weihnachtsgeschenke.

Moderator: Ich bedanke mich für dieses interessante Gespräch.

7 Lektion 39, 1a (Teil 1)

Jule: Ach Mann, schon wieder Montag … Und heute haben wir in der ersten Stunde auch noch Latein. … Blöd, dass das Wochenende immer so schnell vorbeigeht. … Wie war's denn bei dir, Carla? Warst du mit Nick unterwegs?

Carla: Ja, Nick und ich waren am Samstag zusammen im Kino. Wir haben einen total lustigen Film gesehen und waren danach noch etwas trinken. War schön. Aber komisch, seit gestern habe ich gar nichts mehr von ihm gehört. Naja, egal. … Wie war's denn bei dir, Jule?

Jule: Super! Ich war auf der Geburtstagsparty von Susanne und …

Carla: Nein, das ist nicht wahr! Das kann er doch nicht machen!

Jule: Was ist denn? Ist was passiert?

8 Lektion 39, 1b (Teil 2)

Carla: Das glaub ich jetzt nicht! Tickt der nicht mehr richtig?

Jule: Worüber regst du dich denn so auf? Wer hat dir denn geschrieben?

Carla: Eine SMS von Nick.

Jule: Was schreibt er denn?

Carla: Er hat mit mir Schluss gemacht!

Jule: Waaas??? Aber warum denn?

Carla: Er schreibt, er braucht mehr Zeit für sich und für seinen Sport.

Jule: Der spinnt doch!

Carla: Ich versteh das nicht. Am Samstag war es doch noch total schön. Wir haben total viel Spaß gehabt!!! … Aber wieso braucht er denn mehr Zeit für seinen Sport? Er hat doch kein Training ausgelassen. Und er war bei jedem Turnier dabei …

Jule: Das war einfach ein blöder Witz! Das meint er nicht ernst.

Carla: Und zu den Turnieren bin ich immer mitgekommen. Dazu hatte ich auch nicht immer Lust! Aber was ich wollte, war ja egal! An meine Wünsche hat er nämlich nicht gedacht! An meine Wünsche denkt er eigentlich nie!

Jule: Jetzt reg dich doch nicht so auf. Ich verstehe ja, dass du sauer bist, aber …

Carla: Der Herr macht Schluss. Und auch noch per SMS. Kannst du dir das vorstellen? Darüber ärgere ich mich am meisten! Das stört mich total!

Jule: Komm, beruhig dich doch!

Carla: So ein Blödmann! Was mach ich denn jetzt?

Jule: Du musst mit ihm darüber reden – aber nicht per SMS und nicht am Telefon!

Carla: Natürlich nicht. Ich bin ja kein Feigling! Ich hole ihn vom Basketball-Training ab. Und dann …! Na warte! Das kannst du mit mir nicht machen! Mit mir nicht!

9 Modul Fabio, Wiederholung 1a

Reporterin: Hallo. Hier ist Sanna von Radio 100,7. Heute wieder mit eurer Lieblingssendung „Unsere lieben Promis". Schön, dass ihr wieder dabei seid. Ich bin hier in Westafrika, im Urwald und warte auf meinen Gesprächspartner. Ich habe nämlich heute ein ganz spannendes Interview für euch.

Reporterin: Huch, hab ich mich erschrocken. Oohh!

Tarzan: Oh, das tut mir aber wirklich leid.

Reporterin: So plötzlich, wie Sie hier waren. Hach! Nun, erst mal hallo. Ich bin Sanna.

Tarzan: Hallo.

Reporterin: Möchten Sie sich unseren Hörern vielleicht selbst vorstellen?

Tarzan: Ja, gern.

Reporterin: Ja, liebe Hörer. Sie haben ihn sicher sofort erkannt: Das ist Tarzan.

10 Modul Fabio, Wiederholung 1b

Reporterin: Tarzan, Sie sind ja weltberühmt …

Tarzan: Ach, das ist doch alles schon so lange her! Warum sind Sie denn hergekommen? Möchten Sie wieder einen Film mit mir drehen? Ich sehe gar keine Kamera.

Reporterin: Nein, nein, ich arbeite fürs Radio. Und mich interessiert, wie ein Tag im Urwald so aussieht. Was machen Sie den ganzen Tag?

Tarzan: Hm. … Also ich stehe um halb 6 auf, im Sommer. Im Winter stehe ich später auf.

Reporterin: Warum denn das?

Tarzan: Ich stehe auf, wenn es hell wird. Die Sonne ist meine Uhr.

Reporterin: Ach so. Ja. Natürlich. … Und dann? Frühstücken Sie dann?

Tarzan: Frühstück? Das muss ich mir erst im Wald holen! Ich habe ja keinen Kühlschrank. Es gibt hier auch keinen Supermarkt. Also muss ich selbst für mein Essen sorgen. Von 6 bis 8 sammle ich Obst: Bananen, Ananas, Mango; was gerade so wächst.

Reporterin:	Aha, nur Obst?
Tarzan:	Obst ist gesund! Sehen Sie mich an!
Reporterin:	Ah, ja, okay. Und danach?
Tarzan:	Nach dem Frühstück gehe ich dann meistens angeln. Im Fluss unten gibt es ziemlich viele Fische.
Reporterin:	Putzen Sie denn morgens Ihre Zähne nicht? Gehen Sie nicht duschen?
Tarzan:	Meine Zähne! Die putze ich im Juli.
Reporterin:	Wie bitte? Vielleicht haben Sie meine Frage nicht verstanden. Ich wollte wissen, wann Sie Ihre Zähne putzen.
Tarzan:	Ja, das habe ich verstanden. Ich habe aber keine Zahnbürste und Zahnpasta, so wie Sie. Im Juli wird hier die Ananas reif. Wenn man in eine Ananas beißt, dann macht das die Zähne sauber.
Reporterin:	Ach so. Mhm. Jetzt verstehe ich. Und Sie duschen morgens und abends vor dem Schlafen, ja?
Tarzan:	Wenn es regnet, dusche ich. Ansonsten gehe ich manchmal am Nachmittag runter zum Fluss und bade. Ich schwimme sehr gern, aber nie sehr lange, denn im Fluss leben auch ein paar Krokodile.
Reporterin:	Oh! … äh … Und was machen Sie am Nachmittag, ich meine, außer im Fluss zu schwimmen?
Tarzan:	Ach, ich spiele gern mit Cheeta. Und dann muss ich natürlich auch ab und zu mein Baumhaus aufräumen und sauber machen, denn Cheeta bringt immer alles durcheinander. Das mache ich meistens am Donnerstag. Nie am Freitag, denn wie der Name sagt, hat man ja am Freitag immer frei.
Reporterin:	Wissen Sie denn, wann Donnerstag oder Freitag ist?
Tarzan:	Ja, natürlich. Wissen Sie das nicht? Brauchen Sie dafür das Internet?
Reporterin:	Nein, eigentlich nicht. Äh, Tarzan, äh, ich würde ja sehr gern Ihr Baumhaus sehen. Aber ich weiß nicht, ob …
Tarzan:	Aber gern. Kommen Sie, halten Sie sich fest …

11 Lektion 40, 1a

Lehrer:	So, und damit steht jetzt fest: Unsere Klassenfahrt geht naaaach … HAMBURG!!!
Sofie:	Yeah! Hamburg, wir kommen!
Schülerin:	Cool! Gehen wir dann auch ins Musical „König der Löwen"?
Schüler:	Wir müssen auf jeden Fall eine Hafenrundfahrt machen. Ich habe Fotos gesehen, der ist riesig!

12 Lektion 40, 5a (Teil 1)

Olaf Peters:	Moin moin und herzlich willkommen! Ich begrüße Sie zur großen Hafenrundfahrt hier an Bord der Störtebeker. Bestes Hamburger Wetter haben wir heute: ein bisschen Sonne und natürlich viel Wind! Ich darf mich kurz vorstellen. Mein Name ist Olaf Peters und ich bin hier der Kapitän. Bevor wir gleich losfahren, kurz noch ein paar Informationen. Bitte beachten Sie: Es ist verboten, hier an Bord des Schiffes zu rauchen. Getränke und kleine Snacks bekommen Sie dort am Kiosk bei der freundlichen jungen Dame. Auch die Toilette finden Sie dort gleich neben dem Kiosk. Unsere Hafenrundfahrt dauert etwa eine Stunde.

13 Lektion 40, 5c (Teil 2)

Olaf Peters:	Ich möchte Ihnen jetzt gern so'n bisschen was über den Hamburger Hafen erzählen. Der Hamburger Hafen ist der größte Hafen in Deutschland, der drittgrößte Hafen in Europa und einer der größten Containerhäfen der Welt. Von Hamburg aus fahren Schiffe in über 900 Häfen in mehr als 170 Länder in aller Welt. Wir sind hier eben an den Sankt Pauli Landungsbrücken gestartet. Früher konnte man hier die großen Passagierschiffe sehen. Im 19. und frühen 20. Jahrhundert sind von hier aus mehrere hunderttausend Deutsche mit so einem Passagierschiff nach Amerika gefahren. Sie haben Deutschland verlassen, weil sie keine Arbeit hatten und ein besseres Leben haben wollten. So, und nun mal los auf große Fahrt! Hier auf der rechten Seite sehen Sie so ein großes grünes Segelschiff, das ist die Rickmer Rickmers. Sie wurde 1896 in Bremerhaven gebaut und liegt seit 1983 als Museumsschiff hier im Hamburger Hafen. Wirklich interessant! Die Rickmer Rickmers sollten Sie auf jeden Fall noch besichtigen, wenn Sie genug Zeit haben! Unsere nächste Station ist die Speicherstadt. Sie wurde von 1883 bis 1888 gebaut. Früher haben die Hamburger Kaufleute hier alle möglichen Dinge gelagert und verarbeitet: Teppiche, Kaffee, Tee, Zucker und Gewürze. Heute gibt es das nicht mehr, denn wir haben ja die großen Containerschiffe. Dafür finden Sie heute hier viele

Transkriptionen Kursbuch

Museen, Theater, Verlage, die Redaktionen großer Zeitschriften und und und …

14 Lektion 41, 2a

Lilian: Hi Sofie, wie geht's?

Sofie: Hi Lilian. Ach, ich bin so wütend!

Lilian: Was? Warum denn?

Sofie: Ach, wegen dieser Geschichte mit dem Foto!

Lilian: Was für ein Foto denn?

Sofie: Elias hat ein Foto von mir gepostet, von der Klassenfahrt. Ich finde das Foto so furchtbar! Und er hat mich gar nicht gefragt. Ich finde das nicht in Ordnung.

15 Lektion 41, 2b

Lilian: Hi Sofie, wie geht's?

Sofie: Hi Lilian. Ach, ich bin so wütend!

Lilian: Was? Warum denn?

Sofie: Ach, wegen dieser Geschichte mit dem Foto!

Lilian: Was für ein Foto denn?

Sofie: Elias hat ein Foto von mir gepostet, von der Klassenfahrt. Ich finde das Foto so furchtbar! Und er hat mich gar nicht gefragt. Ich finde das nicht in Ordnung.

Lilian: Ja, das ist wirklich unmöglich! Aber was ist denn so furchtbar an dem Foto?

Sofie: Ich war gerade im Bad und habe mir die Zähne geputzt. Da ist die Tür aufgegangen und Elias stand draußen am Gang mit der Kamera und klick!, macht das Foto! Und dann postet er es im Internet!

Lilian: Ist das so schlimm, Sofie? Ich meine, Zähneputzen, was soll da so furchtbar sein?

Sofie: Ich mache ein total blödes Gesicht wegen dieser Zahnbürste im Mund. Das sieht so doof aus, ehrlich! Und ich habe voll die weiße Zahnpasta im Gesicht!

Lilian: Ach komm, ich kann mir gar nicht vorstellen, dass das so schlimm ist.

Sofie: Das ist peinlich, Lilian! Und meine Haare! Alles voll durcheinander.

Lilian: Du übertreibst doch bestimmt. Wahrscheinlich siehst du super aus, und das Foto ist einfach nur lustig, Sofie.

Sofie: Nein, ich finde, das darf man nicht posten. Man muss die Leute vorher fragen. Und wenn sie nicht einverstanden sind, dann darf man auch kein Foto einstellen, oder?

Lilian: Jetzt reg dich doch nicht so auf! Du beruhigst dich jetzt wieder, dann rufst du Elias an und sagst ihm, dass du das

unfair findest. Vielleicht entschuldigt er sich ja bei dir.

Sofie: Er muss sich gar nicht groß entschuldigen. Aber er soll das Foto löschen.

Lilian: Okay, dann ruf ihn an. Und danach gehen wir in den Rheinpark … joggen. Jetzt komm, ärgere dich nicht mehr, sondern ruf an. Ist doch nur ein Foto von einem Klassenausflug.

Sofie: Na gut, dann rufe ich ihn jetzt an. Holst du mich in einer halben Stunde ab?

Lilian: Ok, und viel Glück für dein Telefonat mit Elias!

Sofie: Danke! Aber das Glück kann Elias gebrauchen! Der wird nämlich jetzt was erleben. Na warte!

16 Lektion 41, 7

Sofie: Was machen wir denn nun mit dem Kätzchen, Lilian?

Lilian: Tja, behalten können wir es nicht. Da bleibt nur noch das Tierheim, oder? Ich habe schon mal die Telefonnummer im Internet gesucht. Moment mal, Sofie. Ah, hier ist sie.

Sofie: Warte, ich ruf mal an.

Tierheim: Guten Tag. Hier ist das Tierheim Köln-Dellbrück. Leider rufen Sie außerhalb unserer Telefonzeiten an. Diese sind täglich von 10 bis 13 Uhr und von 15 bis 17 Uhr. Sie können uns eine Nachricht hinterlassen – dann bitte Ihre Telefonnummer nicht vergessen – oder Sie können persönlich vorbeikommen. Wir haben Montag bis Freitag von 15 bis 17 Uhr offen, samstags ist von 14 bis 17 Uhr geöffnet. Weitere Informationen finden Sie auf unserer Webseite www.tieredellbrueck.de. Dort finden Sie auch unsere E-Mail-Adresse. Auf Wiedersehen!

17 Lektion 42, 4

Luca: Hi Sofie! Du warst doch Testesserin in der Kantine der Gutenbergschule, stimmt's?

Sofie: Ja, stimmt.

Luca: Kann ich dir kurz ein paar Fragen stellen? Wir schreiben nämlich einen Artikel für die Schülerzeitung. Wir haben schon mit ein paar Lehrern und Eltern gesprochen. Jetzt möchten wir auch noch Schüler befragen.

Sofie: Ja, okay. Was möchtest du denn wissen?

Luca: Wie hat dir das Testessen gefallen?

Sofie: Es war total interessant. Ich habe mich gefreut, dass ich dabei war!

Luca:	Aber das war doch ganz schön viel zu essen, nicht? Ich meine, ihr musstet doch alle Gerichte essen, oder?
Sofie:	Wir haben alle Gerichte probiert, das stimmt. Aber wir haben immer nur kleine Portionen gegessen, sonst hätten wir das nie geschafft.
Luca:	Ach so, klar. Und wie hat dir das Essen geschmeckt?
Sofie:	Eigentlich sehr gut. Bis auf den Fisch, den mag ich gar nicht, auch zu Hause nicht.
Luca:	Ah, okay. Und hast du ein Lieblingsgericht, etwas, was dir besonders gut geschmeckt hat, jetzt in der Kantine?
Sofie:	Also mein absolutes Lieblingsessen waren die Kartoffelpuffer. Die mache ich manchmal auch zu Hause. Ich habe ein tolles Rezept und das geht ganz leicht.
Luca:	Echt? Das hört sich gut an. Okay, danke Sofie, das war's schon.
Sofie:	Gerne! Tschüss!

18 Modul Sofie Wiederholung, 1

Mutter:	Timo, was machst du grade? Machst du noch Hausaufgaben?
Timo:	Nee, Mama, mit den Hausaufgaben bin ich schon fertig! Ich spiele grade am Computer.
Mutter:	Hm, kannst du mal einen Moment Pause machen? Ich brauche unbedingt noch ein paar Sachen aus dem Supermarkt und es ist schon nach sechs. Kannst du schnell gehen, bevor er zumacht?
Timo:	Okay. Was brauchst du denn? Gib mir mal die Liste.
Mutter:	Warte, ich diktiere dir, was ich brauche. Schreib mal auf: 6 Eier, Milch Mehl, 1 Kilo Äpfel … Ich wollte doch für morgen noch einen Kuchen backen.
Timo:	Super! Was für einen Kuchen willst du denn machen?
Mutter:	Na, Apfelkuchen. Den mögen wir doch alle gern!
Timo:	Och nö, kannst du nicht mal wieder einen Schokoladenkuchen machen? Du weißt doch, dass das mein Lieblingskuchen ist! Und du hast ihn schon lange nicht mehr gemacht!
Mutter:	Eigentlich hätte ich lieber etwas mit Obst. Papa bestimmt auch.
Timo:	Papa?? Der isst doch Schokoladenkuchen auch total gern! … Aber vielleicht könntest du ja auch zwei Kuchen machen.
Mutter:	Klar, ich habe ja sonst nichts zu tun! Also gut, dann mache ich eben

	Schokoladenkuchen. Dann bring noch Schokolade mit. Aber Äpfel brauchen wir auf jeden Fall auch. Und vielleicht auch Bananen. Ja, bring noch Bananen mit. Die isst Papa ja gern, weil sie so gesund sind. Hast du alles aufgeschrieben?
Timo:	Ja, hab' ich. Ach, kann ich auch Cola mitbringen?
Mutter:	Ich glaube, die haben wir noch. Ja, da steht noch eine Flasche. Aber ich sehe gerade: Wir haben gar nicht mehr viel Käse. Bring mal ein Stück mit. Am besten auch etwas Wurst. Salami oder so etwas, 200 Gramm. Schade, Brötchen haben sie um diese Zeit bestimmt nicht mehr. Aber wenn es noch Brötchen gibt, dann bring vier mit, ja?
Timo:	Ist gut, aber mehr jetzt nicht, oder? Denn wenn ich jetzt nicht gleich gehe, dann ist der Supermarkt zu! Und tragen kann ich es auch nicht!
Mutter:	Da hast du recht! Hier nimm die Tasche und das Geld mit. Und danke!

19 Lektion 43, 3a

finden findet fand
stehen steht stand
essen isst aß
sitzen sitzt saß
schreiben schreibt schrieb
bleiben bleibt blieb

21 Lektion 43, 6

Simon:	Laura, schnell! Er hat sich eingeloggt!
Laura:	Was? Wer? Ach so, der mit deinem Handy.
Simon:	Oder die! Es könnte ja auch ein Mädchen sein, oder?
Laura:	Klar! Kannst du sehen, wo er – oder sie – gerade ist?
Simon:	Yep! Warte, gleich habe ich das GPS gestartet. Na bitte!
Laura:	Hey, das ist doch hier in Pasing! Schau, er geht die Bodenseestraße entlang.
Simon:	Stimmt! Er ist jetzt genau gegenüber dem Fitness-Studio. Wie heißt das nochmal?
Laura:	Fit & Fit, glaube ich. Und jetzt biegt er in die Hillernstraße ab. Ist da nicht diese kleine Bäckerei?
Simon:	Genau! Dort geht er jetzt rein. Schau, das Handy bewegt sich jetzt nicht mehr.
Laura:	Kannst du nicht nochmal ein Foto machen mit der Kamera?
Simon:	Nein, leider, es ist alles dunkel. Er hat es vielleicht in der Hosentasche.

Laura:	Boah, ist das spannend! Wie im Krimi!
Simon:	Ah, es geht weiter. Aber nur ein Stück. Er bleibt schon wieder stehen. Was ist denn da?
Laura:	Neben der Bäckerei? Ich glaube nichts. Häuser. Vielleicht wohnt er da.
Simon:	Nein, jetzt geht er weiter. Er ist im Steinerweg und geht bis zur … Kreuzung. Aha. Jetzt geht er links um die Ecke, in die Maria-Eich-Straße. Und nun geht er über die Straße und … biegt rechts in die … Neufeldstraße ab.
Laura:	Und jetzt?
Simon:	Jetzt ist das Handy wieder aus.
Laura:	Schade!
Simon:	Neufeldstraße …?
Laura:	Ja und? Was meinst du?
Simon:	Wohnt da nicht Sven?
Laura:	Sven? Der Junge aus der Parallel-Klasse, der mit dir mal im Informatik-Club war?
Simon:	Genau der …

22 Lektion 43, 7 Dialog 1

Passantin:	Hallo. Entschuldigung. Ich möchte zur Taverne „El Greco". Kannst du mir sagen, wie ich am besten dorthin komme?
Junge:	Ach, das ist ganz einfach. Gehen Sie hier einfach die Maria-Eich-Straße entlang. Die Taverne „El Greco" ist gleich an der nächsten Ecke.
Passantin:	Danke. Tschüss.
Junge:	Wiedersehen.

23 Dialog 2

Mann:	Verzeihung. Ich möchte zur Polizei. Können Sie mir sagen, wie ich am besten dorthin komme?
Frau:	Moment … Ach, ja. Am besten gehen Sie hier die Bodenseestraße entlang … ja, bis zur nächsten Kreuzung. Da biegen Sie rechts um die Ecke, in die Hillernstraße. Und an der nächsten Ecke biegen Sie dann links ab in die Institutstraße. Und dann gehen Sie ungefähr 350 Meter geradeaus. Auf der rechten Seite sehen Sie dann die Polizei.
Mann:	Oh, vielen Dank. Auf Wiedersehen.
Frau:	Ja, auf Wiedersehen.

24 Dialog 3

Mädchen:	Hallo, Entschuldigung. Ich suche das Restaurant „Confetti". Weißt du vielleicht, wie ich da hinkomme?
Junge:	Ja, klar. Du gehst hier die Bodenseestraße entlang. Nach 300 Metern siehst

	du links einen Supermarkt. Das Restaurant „Confetti" ist genau gegenüber. Du brauchst nur über die Straße zu gehen.
Mädchen:	Ach, das ist ja einfach. Danke. Tschüss.
Junge:	Tschüss.

25 Lektion 43, 9

Moderator:	Ja, hallo, da sind wir wieder zurück nach der Musikpause. Bei mir im Studio ist Simon, und er hat etwas ganz Besonderes erlebt. Ihm hat man im Schwimmbad das Handy gestohlen. Was hast du gemacht, als du gemerkt hast, das Handy ist weg?
Simon:	Ich habe überall gesucht, aber es war weg. Dann bin ich zur Polizei gegangen.
Moderator:	Und konnte die Polizei dir helfen?
Simon:	Nein. Die Polizisten haben gesagt, dass sie da wahrscheinlich nichts machen können.
Moderator:	Und wie ging es dann weiter?
Simon:	Ja, ich habe so eine App auf dem Handy installiert, damit ich es immer finden kann, auch wenn es jemand gestohlen hat. Sogar, wenn jemand die SIM-Karte herausnimmt und eine neue einlegt.
Moderator:	Das gibt es?
Simon:	Das gibt es und es funktioniert.
Moderator:	Und hast du dann Kontakt zu deinem Handy bekommen?
Simon:	Ja, von meinem PC aus. Irgendwann hat der Dieb sich mit einer neuen SIM-Karte eingeloggt.
Moderator:	Woher wusstest du das?
Simon:	Das hab ich auf meinem Computer gesehen. Die Kamera hat dann ein paar Fotos gemacht.
Moderator:	Echt? Du hast den Dieb fotografiert?
Simon:	Nein, leider nicht, nur sein Bett. Er hatte FC-Bayern-Bettwäsche.
Moderator:	Da ist er bestimmt nicht der einzige! Wie ging's dann weiter?
Simon	Dann haben wir ihn per GPS geortet und haben gesehen, dass er in Pasing war, also ganz in der Nähe. Er ist dann in der Neufeldstraße verschwunden.
Moderator:	Du kennst die Straße?
Simon:	Ja, die kenne ich. Und dann hatte ich einen Verdacht.
Moderator:	Einen Verdacht? Erzähl doch mal.
Simon	Ein Freund von mir, der mit mir im Informatik-Club war, wohnt genau in der Straße. Also bin ich am Abend hingegangen und habe ihn besucht.
Moderator:	Und?
Simon:	Ja, mein Handy lag bei ihm auf dem Tisch.

Moderator:	Wie jetzt? Er war der Dieb, der dein Handy geklaut hat?
Simon:	Das habe ich im ersten Moment auch gedacht. Ich war ganz schön sauer! Aber er ist kein Dieb.
Moderator:	Warum hat er es dann gemacht?
Simon:	Also, ich habe ihm letzte Woche von meiner App erzählt. Und er wollte wissen, ob sie wirklich funktioniert.
Moderator:	Und da hat er einfach das Handy mitgenommen und …
Simon:	Er sagt, er wollte den Test machen, ob ich es wiederfinde und wie lange ich dafür brauche. Er fand das witzig.
Moderator:	Das gibt es doch nicht. Aber jetzt hast du ihn überzeugt, oder?
Simon:	Ja! Er will jetzt auch unbedingt diese App haben!
Moderator:	Oh, ich glaube, nach unserer Sendung werden wir bestimmt ganz viele Anrufe und E-Mails bekommen. Na dann, tschüss, Simon, und danke, dass du hier warst.
Simon	Gerne!

26 · Lektion 44, 9a (Teil 1)

Moderatorin:	Herzlich willkommen zu unserem Abschluss-Gespräch! Unser Thema heißt: „Mit zwei Sprachen leben". Und das sind meine Gäste: Irina, sie ist 17 und in Russland geboren. Sie lebt seit 12 Jahren in Deutschland.
Irina:	Hallo.
Moderatorin:	Das ist Simon, in Deutschland geboren, Mutter Deutsche, Vater Engländer. Simon hat also zwei Muttersprachen.
Simon:	Hallo.
Moderatorin:	Und Herr Hórvath. Er kommt, wie wir alle wissen, aus Ungarn, ist aber schon lange Musiklehrer bei uns an der Schule.
Herr Hórvath:	Hallo, guten Tag!
Moderatorin:	Ja, … Irina, Simon und Herr Hórvath – alle drei sind zweisprachig, sprechen also zwei Sprachen.

27 · Lektion 44, 9b (Teil 2)

Moderatorin:	Irina, du sprichst Russisch und Deutsch. Wann sprichst du diese Sprachen?
Irina:	Also, zu Hause spreche ich eigentlich nur Russisch, weil meine Eltern das am besten sprechen und verstehen. Nur mit meinem Bruder spreche ich manchmal Deutsch, wenn wir allein sind. Aber in der Schule spreche ich immer nur Deutsch, obwohl einige meiner Freunde Russisch können. Ich

	finde es aber blöd, wenn man in einer Sprache spricht, die die anderen nicht verstehen können.
Moderatorin:	Und wie hast du Deutsch gelernt, Irina?
Irina:	Ich war fünf Jahre alt, als ich mit meinen Eltern nach Deutschland kam und konnte kein Wort Deutsch, denn zu Hause in Russland hatte ich nur Russisch gesprochen. In Deutschland kam ich dann in die Kita und nach einem Jahr konnte ich schon prima Deutsch. Das ging ganz schnell.
Moderatorin:	Simon, du hast zwei Muttersprachen. Wie ist das bei dir? Wann sprichst du Deutsch, wann Englisch?
Simon:	Na ja, ich spreche schon viel mehr Deutsch als Englisch, mit meiner Mutter und mit meiner Schwester, mit meinen Freunden, in der Schule. Englisch spreche ich eigentlich nur mit meinem Vater und mit seiner Familie in England.
Moderatorin:	Sprichst du beide Sprachen gleich gut?
Simon:	Hm, schwierig. Sprechen und Verstehen ist natürlich in beiden Sprachen kein Problem, aber das Schreiben … Na ja … da ist es ein bisschen anders. Da finde ich Deutsch „leichter", weil ich ja von der ersten Klasse an gelernt habe, wie man Deutsch richtig und gut schreibt. Und ich schreibe eben auch viel mehr auf Deutsch als auf Englisch.
Moderatorin:	Ja, interessant. … Herr Hórvath, Sie sind als Erwachsener nach Deutschland gekommen. Hatten Sie vorher schon in Ungarn Deutsch gelernt?
Herr Hórvath:	Nur ein paar Wörter, aber vor allem Lieder. Als Kind war ich in den Ferien öfter mal bei einer Tante in Wien gewesen und hatte dort die Lieder gehört. Ich habe sie geliebt, obwohl ich die Texte gar nicht verstand. Aber Musik ist ja auch eine Sprache und die habe ich schon immer verstanden. Deshalb habe ich die Musik auch zu meinem Beruf gemacht … und bin jetzt hier Musiklehrer.
Moderatorin:	Musik und Sprache, das ist eine schöne Verbindung. … Gibt es eigentlich Situationen, in denen man spontan nur eine der beiden Sprachen spricht? Also zum Beispiel, wenn man wütend ist oder sich ärgert?
Simon:	Ach, bei mir ist das mal so, mal so, das kann ich gar nicht so sagen. Aber ich glaube, wenn ich so richtig sauer bin, ist meistens zuerst Deutsch da.
Herr Hórvath:	Also, wenn ich mich ärgere, schimpfe ich auch gern auf Deutsch. Ich sage

zum Beispiel oft „Mist". Das sage ich dann gleich dreimal hintereinander. Es ist so schön kurz. Wie ein Staccato. Mist! Mist! Mist! Und das Wort „Quatsch!" finde ich auch gut. Das sage ich immer, wenn ich mich über mich selbst ärgere.

Moderatorin:	Und wie ist das bei dir, Irina?
Irina:	Hm, ich singe zum Beispiel sehr gern. Und das tue ich dann am liebsten auf Russisch. Ich finde einfach, das klingt schöner und irgendwie kann ich da meine Gefühle besser ausdrücken.
Moderatorin:	Und wie ist das …

28 Lektion 45, 4a (Teil 1)

Mommsen:	Herein!
Simon:	Ahoi, Kapitän Mommsen! Na, wie geht's?
Mommsen:	Moin Simon, schön, dass du mich mal wieder besuchst. Wie soll's einem alten Mann wie mir schon gehen? Und was machst du so?
Simon:	Ich wollte mal sehen, ob Sie schon angefangen haben, Ihre Seefahrergeschichten aufzuschreiben.
Mommsen:	Och, nee, ich weiß noch gar nicht, ob das wirklich eine so gute Idee ist.
Simon:	Ehrlich gesagt: Ich glaube, das wird eine richtig coole Sache. Ich hätte auch gern einen Opa, der so viel erlebt hat!
Mommsen:	Meinst du wirklich?
Simon:	Na klar! Das ist super. Moment, ich hab da 'ne Idee. Sie erzählen mir einfach Ihre Geschichten und ich nehme das mit meinem Smartphone auf. Wie wäre das?
Mommsen:	Hm. Ist vielleicht nicht schlecht. Erzählen ist auf jeden Fall leichter als aufschreiben.
Simon:	Na also! Dann fangen wir mal an.

29 Lektion 45, 4b (Teil 2)

Simon:	Wollten Sie eigentlich schon immer zur See fahren?
Mommsen:	Als ich klein war, wollte ich unbedingt Kapitän werden. Die Schule machte mir keinen Spaß und mit 15 Jahren konnte mich dann niemand mehr halten. Ich wollte einfach nur weg aus diesem kleinen Dorf in Ostfriesland, nach Hamburg.
Simon:	Einfach so?! Und was haben Ihre Eltern dazu gesagt?
Mommsen:	Als ich meiner Mutter von meinen Plänen erzählte, war sie natürlich nicht so begeistert. Na ja, das kann man ja auch verstehen.

Simon:	Ich glaube, meine Eltern hätten das niemals erlaubt.
Mommsen:	Ich habe mich jedenfalls an der Schiffsjungenschule in Hamburg beworben und da eine Ausbildung gemacht.
Simon:	Wie lange hat das gedauert?
Mommsen:	Drei Monate. Erst danach durfte ich zum ersten Mal auf ein Schiff, ein Motorschiff war das. Die Fahrt ging regelmäßig durch die Nord- und Ostsee, nach England, Schweden, Dänemark und Polen.
Simon:	Sind Sie denn später auch mal so richtig weit weg gewesen? In Afrika oder so?
Mommsen:	Och Junge, natürlich, eigentlich war ich schon auf allen Kontinenten. Ich kann dir gar nicht mehr sagen, wo ich schon überall war. Meine erste große Fahrt ging nach New Orleans, USA, auf der MS Pekari. Später war ich auch in Südamerika, Afrika, Asien, …

30 Lektion 45, 4c (Teil 3)

Simon:	Und wie war Ihre erste große Fahrt?
Mommsen:	Nicht gerade einfach. Ich habe sehr schnell gemerkt, dass das Leben an Bord eines Schiffes ein bisschen anders läuft als an Land.
Simon:	Warum das?
Mommsen:	Ach, das fing eigentlich schon in Hamburg an, als ich mich auf der MS Pekari vorstellte. Du weißt ja, ich komme aus einem kleinen Dorf in Ostfriesland und habe damals ziemlich stark Dialekt gesprochen, also Plattdeutsch.
Simon:	Echt? So richtiges Plattdeutsch? Da verstehe ich kein Wort.
Mommsen:	Ja, genau. Ich habe zwar versucht, Hochdeutsch zu sprechen, aber das war nicht leicht für mich und dem Kapitän hat mein Dialekt nicht gepasst.
Simon:	Was hat er denn gemacht?
Mommsen:	Er hat mich darauf aufmerksam gemacht, dass ich auf einem deutschen Schiff fahre und nicht auf einem holländischen! Das sollte wohl witzig sein …
Simon:	Warum? Das verstehe ich nicht.
Mommsen:	Na ja, Plattdeutsch ist ein bisschen ähnlich wie Holländisch.
Simon:	Oder hat er vielleicht wirklich gedacht, das wäre Holländisch?
Mommsen:	Nein, nein, mein Junge. Das wusste der ganz genau. Aber er hat eben gern Witze über andere gemacht und wollte, dass wir seine Regeln befolgen. Eins

musst du nämlich wissen, wenn du zur See fährst: Was der Kapitän sagt, ist Gesetz! Da darf niemand was dagegen sagen. Das musste ich sehr schnell lernen.

Simon: Hhm… Und dann? Wie ging's weiter?

Mommsen: Na ja. Die ersten Wochen auf See waren ziemlich hart. Ich war ganz schön seekrank …

31   **Lektion 45, 4d**

Mommsen: Herein!

Simon: Ahoi, Kapitän Mommsen! Na, wie geht's?

Mommsen: Moin Simon, schön, dass du mich mal wieder besuchst. Wie soll's einem alten Mann wie mir schon gehen? Und was machst du so?

Simon: Ich wollte mal sehen, ob Sie schon angefangen haben, Ihre Seefahrergeschichten aufzuschreiben.

Mommsen: Och, nee, ich weiß noch gar nicht, ob das wirklich eine so gute Idee ist.

Simon: Ehrlich gesagt: Ich glaube, das wird eine richtig coole Sache. Ich hätte auch gern einen Opa, der so viel erlebt hat!

Mommsen: Meinst du wirklich?

Simon: Na klar! Das ist super. Moment, ich hab da 'ne Idee. Sie erzählen mir einfach Ihre Geschichten und ich nehme das mit meinem Smartphone auf. Wie wäre das?

Mommsen: Hm. Ist vielleicht nicht schlecht. Erzählen ist auf jeden Fall leichter als aufschreiben.

Simon: Na also! Dann fangen wir mal an. Wollten Sie eigentlich schon immer zur See fahren?

Mommsen: Als ich klein war, wollte ich unbedingt Kapitän werden. Die Schule machte mir keinen Spaß und mit 15 Jahren konnte mich dann niemand mehr halten. Ich wollte einfach nur weg aus diesem kleinen Dorf in Ostfriesland, nach Hamburg.

Simon: Einfach so? Und was haben Ihre Eltern dazu gesagt?

Mommsen: Als ich meiner Mutter von meinen Plänen erzählte, war sie natürlich nicht so begeistert. Na ja, das kann man ja auch verstehen.

Simon: Ich glaube, meine Eltern hätten das niemals erlaubt.

Mommsen: Ich habe mich jedenfalls an der Schiffsjungenschule in Hamburg beworben und da eine Ausbildung gemacht.

Simon: Wie lange hat das gedauert?

Mommsen: Drei Monate. Erst danach durfte ich zum ersten Mal auf ein Schiff, ein Motorschiff war das. Die Fahrt ging regelmäßig durch die Nord- und Ostsee, nach England, Schweden, Dänemark und Polen.

Simon: Sind Sie denn später auch mal so richtig weit weg gewesen? In Afrika oder so?

Mommsen: Och Junge, natürlich, eigentlich war ich schon auf allen Kontinenten. Ich kann dir gar nicht mehr sagen, wo ich schon überall war. Meine erste große Fahrt ging nach New Orleans, USA, auf der MS Pekari. Später war ich auch in Südamerika, Afrika, Asien, …

Simon: Und wie war Ihre erste große Fahrt?

Mommsen: Nicht gerade einfach. Ich habe sehr schnell gemerkt, dass das Leben an Bord eines Schiffes ein bisschen anders läuft als an Land.

Simon: Warum das?

Mommsen: Ach, das fing eigentlich schon in Hamburg an, als ich mich auf der MS Pekari vorstellte. Du weißt ja, ich komme aus einem kleinen Dorf in Ostfriesland und habe damals ziemlich stark Dialekt gesprochen, also Plattdeutsch.

Simon: Echt? So richtiges Plattdeutsch? Da verstehe ich kein Wort.

Mommsen: Ja, genau. Ich habe zwar versucht, Hochdeutsch zu sprechen, aber das war nicht leicht für mich und dem Kapitän hat mein Dialekt nicht gepasst.

Simon: Was hat er denn gemacht?

Mommsen: Er hat mich darauf aufmerksam gemacht, dass ich auf einem deutschen Schiff fahre und nicht auf einem holländischen! Das sollte wohl witzig sein …

Simon: Warum? Das verstehe ich nicht.

Mommsen: Na ja, Plattdeutsch ist ein bisschen ähnlich wie Holländisch.

Simon: Oder hat er vielleicht wirklich gedacht, das wäre Holländisch?

Mommsen: Nein, nein, mein Junge. Das wusste der ganz genau. Aber er hat eben gern Witze über andere gemacht und wollte, dass wir seine Regeln befolgen. Eins musst du nämlich wissen, wenn du zur See fährst: Was der Kapitän sagt, ist Gesetz! Da darf niemand was dagegen sagen. Das musste ich sehr schnell lernen.

Simon: Hhm… Und dann? Wie ging's weiter?

Mommsen: Na ja. Die ersten Wochen auf See waren ziemlich hart. Ich war ganz schön seekrank …

Transkriptionen Kursbuch

32 **Modul Simon, Landeskunde 2b A**

Sebastian: Hallo, ich heiße Sebastian Koller. Ich war auf der Carl-Zeiss-Realschule in Jena. Nach dem Realschulabschluss habe ich eine Ausbildung zum Krankenpfleger gemacht. Ich arbeite jetzt in einer Unfall-Klinik in Murnau. Ich habe super Kollegen und arbeite richtig gern hier.

33 **B**

Jasmin: Ich bin Jasmin Weigand. Mein Beruf ist Architektin. Ich habe das Gymnasium besucht, Abitur gemacht und danach fünf Jahre lang an der Uni Köln Architektur studiert. Seit einem Jahr arbeite ich in einem großen Architekturbüro in Düsseldorf. Mein Beruf ist manchmal ziemlich stressig, aber auch sehr interessant.

34 **C**

Paul: Mein Name ist Paul Hübner. Ich bin Hotelkaufmann. Ich habe nach dem Hauptschulabschluss drei Jahre lang eine Ausbildung in einem Hotel in Mannheim gemacht. Mein Beruf macht mir echt Spaß. Ich habe viele Kontakte zu Menschen, das gefällt mir.

35 **Modul Simon, Wiederholung, 1**

Er ist gelaufen, gefahren, geschwommen,
hat früh geschlafen, hat sehr viel trainiert,
hat nicht geraucht und viel Wasser getrunken.
Doch er ist nur auf dem Platz Nummer 4.
Sie hat fast nie ihre Texte gelesen
und hat die Übungen niemals gemacht.
Sie hat Vokabeln und Formen vergessen,
an Wiederholungen auch nicht gedacht.
Was ist nun besser? Die Mühe von Markus,
der auf Platz 1 im nächsten Jahr hofft?
Oder vielleicht das gemütliche Leben
von Isabella, ganz ohne Erfolg?

Transkriptionen Arbeitsbuch

1 **Lektion 37, 22**
vgl. Arbeitsbuch

2 **Lektion 37, 23**
vgl. Arbeitsbuch

3 **Lektion 38, 20**
vgl. Arbeitsbuch

4 **Lektion 38, 21a**
vgl. Arbeitsbuch

5 **Lektion 39, 27, 1.**
vgl. Arbeitsbuch

6 **2.**
vgl. Arbeitsbuch

7 **3.**
vgl. Arbeitsbuch

8 **Lektion 39, 28, 1**
vgl. Arbeitsbuch

9 **1**
vgl. Arbeitsbuch

10 **2**
vgl. Arbeitsbuch

11 **2**
vgl. Arbeitsbuch

12 **3**
vgl. Arbeitsbuch

13 **3**
vgl. Arbeitsbuch

14 **Modul Fabio – Training Hören, 2. 1**

Mann: Guten Tag, Frau Behr, hier ist Kindler von der Firma Hinterseher & Partner. Es geht um Ihren neuen Schreibtisch. Der ist jetzt fertig.
Sie können ihn am Montag, den 4. April, zwischen 11 und 18 Uhr abholen. Wenn das nicht möglich ist, rufen Sie mich bitte kurz an, dann können wir einen anderen Tag vereinbaren. Sie können mich ab 9 Uhr unter der Mobilnummer 0171 / 98 66 41 20 erreichen. Vielen Dank und auf Wiederhören.

15 **2**

Junge: Hi Marvin, hier ist Till. Du, ich kann leider heute nicht zum Basketballtraining kommen. Mir geht's leider überhaupt nicht gut.
Ich liege mit Fieber im Bett und fühle mich total schlapp. Könntest du bitte Herrn Voss Bescheid sagen? Ich hoffe, dass ich nächste Woche wieder fit bin. Wenn nicht, rufe ich ihn rechtzeitig an. Also dann: Tschüss und viel Spaß beim Training! Grüß bitte die anderen von mir.

16 **3**

Mädchen: Hallo Eva, hier ist Mareike. Du, sag mal, wir sind doch für Freitagabend mit Felix und Sascha zum Kino verabredet. Ich fürchte, bei mir klappt das nicht. Meine Oma kommt zu Besuch, und dann ist es besser, wenn ich zu Hause bleibe. Ich sehe sie ja nicht so oft und mein Vater kocht etwas Leckeres. Meinst du, wir können auch am Samstag ins Kino gehen? Hättest du Zeit? Ich schreib den beiden mal eine SMS.

17 **4**

Mädchen: Hey Julian, ich bin's, Maria. Du wolltest doch wissen, wann die Band „November" nach Kiel kommt. Ich habe nochmal nachgeschaut. Die spielt am 14. April live hier in der Halle 4000 – präsentiert von Radio Bumerang. Ich glaube, sie präsentiert ihr aktuelles Album „Sommerträume". Wir haben schon Karten. Hättest du Lust mitzukommen? Die Tickets gibt's online oder an allen bekannten Vorverkaufsstellen. Wär doch super! Also dann, tschüss, bis morgen.

Transkriptionen Arbeitsbuch

18   **Lektion 40, 18a**

vgl. Arbeitsbuch

19   **Lektion 40, 18b**

vgl. Arbeitsbuch

20   **Lektion 40, 19a**

vgl. Arbeitsbuch

21   **Lektion 41, 21**

vgl. Arbeitsbuch

22   **Lektion 41, 22**

vgl. Arbeitsbuch

23   **Lektion 42, 20**

vgl. Arbeitsbuch

24   **Modul Sofie – Training Hören, 2**

Frau: Du bist als Austauschschülerin oder Austauschschüler in einer Klasse in Hamburg. Ihr macht eine Klassenfahrt auf eine Insel in der Nordsee. Der Lehrer gibt euch Informationen.

Mann: So Leute, bitte mal herhören! Seid bitte mal still. Nächsten Montag geht's los und ich wollte euch noch ein bisschen 'was über unsere gemeinsame Reise erzählen. Schaut doch bitte mal auf den Zettel hier. Da findet ihr die wichtigsten Informationen mit Adressen, Telefonnummern usw. Also: Montagmorgen um halb acht treffen wir uns auf dem Parkplatz vor der Schule. Da wartet dann schon der Bus auf uns. Abfahrt ist um 8 Uhr. Bitte seid pünktlich! Wir können auf niemanden warten, denn wir dürfen auf keinen Fall das Schiff verpassen.

Das Schiff legt um 15:30 Uhr ab und braucht etwa 45 Minuten. Vom Hafen bis zur Jugendherberge ist es nicht weit, da fährt auch ein Bus. Da bekommen wir dann erst einmal Abendessen. Die Jugendherberge liegt übrigens nur etwa 5 Minuten vom Strand entfernt. Wir haben dort einen Fußballplatz, Tischtennisplatten, diverse Spiele und einen Grillplatz. Es gibt Vierer- und Sechserzimmer. Ihr könnt euch also vorher schon mal überlegen, wer sich mit wem ein Zimmer teilen möchte.

Am Dienstag machen wir eine Inselrundfahrt mit dem Fahrrad. Die Fahrräder können wir in der Jugendherberge ausleihen. Unsere Inselführerin heißt Frau Seliger. Sie arbeitet im Nordseekurparkzentrum und wird uns ein bisschen über die Tier- und Pflanzenwelt der Insel erzählen.

Mittwoch besuchen wir das Museum „Kunst der Westküste" und bekommen dort auch eine Führung. Und für Donnerstag haben Frau Theis und ich ein Beach-Volleyball-Turnier geplant. Ihr habt ja schon fleißig trainiert, hab ich gehört. Ich hoffe mal, das Wetter spielt mit. Und wenn die Sonne wirklich so richtig schön scheint, erwartet uns am Freitag das absolute Highlight! Dann wandern wir nämlich zu Fuß zur Nachbarinsel. Ja, genau, ihr habt richtig gehört. Das Wasser geht etwa alle sieben Stunden so weit zurück, dass man die 8 km von Insel zu Insel zu Fuß laufen kann, ohne Schuhe natürlich. Das klingt doch fast schon nach Abenteuer, oder?

Ach ja: Bitte denkt daran, Bettwäsche und Handtücher mitzunehmen. Außerdem einen kleinen Rucksack, bequeme Laufschuhe, Schwimmsachen, Regenkleidung und Sonnencreme. Es sieht ja so aus, als hätten wir Glück mit dem Wetter! Aber auf den Inseln wechselt das Wetter schnell, es könnte also auch mal regnen.

25   **Lektion 43, 21**

vgl. Arbeitsbuch

26   **Lektion 43, 22a**

vgl. Arbeitsbuch

27   **Lektion 44, 21**

vgl. Arbeitsbuch

28   **Lektion 44, 22**

vgl. Arbeitsbuch

29 **Lektion 44, 22**

vgl. Arbeitsbuch

30 **Lektion 45, 21**

vgl. Arbeitsbuch

31 **Lektion 45, 21**

vgl. Arbeitsbuch

32 **Lektion 45, 21**

vgl. Arbeitsbuch

33 **Lektion 45, 21**

vgl. Arbeitsbuch

34 **Lektion 45, 21**

vgl. Arbeitsbuch

35 **Modul Simon – Training Hören, 2b**

Mann: Der 18-jährige Philip jobbt in den Semesterferien in der Surfschule „Surf'n Ride" in Boltenhagen an der Ostsee. Im folgenden Gespräch erzählt er von seinem Job und warum Windsurfen sein Lieblingssport ist.

Frau: Philip, wann hast du mit dem Surfen angefangen?

Philip: Ach, das ist schon lange her. Als ich das erste Mal auf einem Surfbrett stand, war ich noch im Kindergarten. Meine Eltern sind beide Windsurfer. Als ich dann mit fünf schwimmen konnte, haben sie mich zum Windsurfen mitgenommen. Der Sport hat mir gut gefallen und im Urlaub bin ich dann oft auf dem Surfbrett gestanden. Seit sechs Jahren betreibe ich den Sport sehr intensiv.

Frau: Aber du studierst doch in Kiel, oder?

Philip: Ja, genau. Ich bin Student. Aber in den Semesterferien komme ich hierher und jobbe, um ein bisschen Geld zu verdienen.

Frau: Erzähl doch mal von deinem Job. Was machst du da genau?

Philip: Ich verleihe Surfbretter und alles, was man zum Surfen so braucht. Außerdem gebe ich auch Windsurfing-Kurse. Etwa 500 Leute pro Jahr nehmen an unseren Kursen teil. Kinder ab sechs, sehr viele Jugendliche und meistens junge Erwachsene. Aber ich hatte auch schon mal einen Schüler, der war 72. Außerdem organisieren wir im Sommer immer einen großen Windsurfing-Wettbewerb.

Frau: Wie lernt man denn Windsurfen?

Philip: Ja, also, das ist gar nicht so einfach wie jeder denkt. Zuerst machen wir mit den Surfschülern immer ein paar Übungen an Land, und ab dem zweiten Tag gehen wir mit ihnen ins Wasser. Das Surfen sollte man so oft wie möglich trainieren, denn es ist wichtig, ein Gefühl für das Brett zu bekommen. Das hat man nicht gleich von Anfang an. Ja, und dann kommt die Theorie. Man muss die Regeln und das Material kennen und die Sicherheit spielt auch eine wichtige Rolle.

Frau: Kann jeder Windsurfing lernen?

Philip: Im Prinzip ja. Wichtig ist auf jeden Fall, dass man keine Angst vor dem Wasser hat und gut schwimmen kann. In der Ostsee ist es für Anfänger nicht besonders gefährlich, da ist der Wind meistens nicht so stark. Aber es braucht auf jeden Fall Zeit.

Frau: Surfst du auch in deiner Freizeit?

Philip: Na klar! Wenn ich frei habe, fahre ich manchmal mit Freunden zum Surfen an die Nordsee nach St. Peter Ording. Da ist es richtig cool, mit richtig viel Wind und so. Wir schlafen dann in unserem Campingbus und sind den ganzen Tag auf dem Wasser.

Frau: Hört sich gut an. Was ist so toll am Windsurfen, kannst du das irgendwie beschreiben?

Philip: Ich weiß nicht, vielleicht ist es dieses Gefühl von Freiheit, diese Kombination aus Sonne, Wasser und Salz. Wenn ich merke, dass der Wind stärker wird, dann muss ich einfach an den Strand und rauf aufs Brett.

Frau: Das klingt alles so toll. Hat das Windsurfen eigentlich auch Nachteile?

Philip: Ja, schon. Es ist definitiv ein teurer Sport. Die Ausrüstung ist nicht gerade billig. Außerdem braucht man leider immer ein Auto.

Frau: Vielen Dank für das Gespräch!

Lösungen Kursbuch

Moduleinstiegsseite Fabio

1 *Lösungsvorschlag:* Anna, Jonas

2 Fußball, Party, Karneval

3 *Lösungsvorschlag:* Er ist Fußballtrainer; er hat eine neue U11-Mannschaft; er feiert eine super Party; er macht beim Flashmob mit.

Lektion 37

1a *Lösungsvorschlag:* Fabios Mutter hat die Nachricht geschrieben. Sie sagt ihm, was er machen soll, weil er eine Zeit lang alleine zu Hause ist.

b 1 b 2 c 3 a

c Vergiss nicht, morgens rechtzeitig aufzustehen. Ich rate dir, keinen Lärm zu machen. Es ist wichtig, … zu besorgen. Vergiss nicht, abends das Licht auszumachen. Es ist auch wichtig, dass du etwas isst. Ich rate dir, nicht zu spät ins Bett zu gehen. Es ist auch wichtig, dass du dir morgens und abends die Zähne putzt. Vergiss nicht anzurufen.

2 Vielleicht hat er vor auszugehen. Vielleicht hat er Lust, Freunde einzuladen. Vielleicht plant er, seine Freunde zu sehen. Vielleicht hat er vor, Fußball zu spielen. Vielleicht hat er Lust, einfach nur zu schlafen. Vielleicht plant er, eine Party zu machen. …

3a 1 Er bleibt zu Hause und hat vor, eine Party zu machen. 2 Er muss Cola und Limo einkaufen. 3 Dann braucht er die schweren Flaschen nicht zu tragen.

b *Lösungsvorschläge:* Wenn Anna in den Supermarkt mitkommt, dann braucht Fabio nicht alleine zu entscheiden, was er kaufen soll. Wenn Anna in den Supermarkt mitkommt, dann braucht Fabio weniger Zeit zum Einkaufen. Wenn Anna in den Supermarkt mitkommt, braucht Fabio keinen schweren Einkaufswagen zu schieben.

4a *Lösungsvorschlag:* Jemanden suchen, der sich um die Musik kümmert. Fragen, wer noch etwas zu essen mitbringt. Fragen, wer noch Getränke mitbringt.

b *individuelle Lösung*

5a richtig

b b

c Oh nein, so ein Pech! – Nein! Das gibt´s doch nicht! – Oh, Mist!

6 *Lösungsvorschlag:* Hallo Ben, Du willst sicherlich wissen, wie die Party gestern Abend war. Also: Ich und Anna haben alles gut organisiert. Wir haben allen Freunden Bescheid gesagt. Wir haben gefragt, wer welches Essen und welche Getränke mitbringt. Und wir wussten auch, wer sich um die Musik kümmert. Aber stell Dir vor: Dann hat die Party gar nicht stattgefunden. Meine Eltern haben nämlich angerufen, dass sie doch nicht über Nacht wegbleiben, weil meine Mutter am Samstag arbeiten musste. So ein Mist, nicht wahr? Du hast also nichts verpasst. Viele Grüße Fabio

7a *Lösungsvorschlag:* Eine Frau tanzt.

b Südplatz, Tanz-Flashmob, Straßenbahn

c 1 Es gibt einen Tanz-Flashmob am Südplatz. Deshalb gibt es einen Stau. 2 Die Autofahrer sollen besser die Straßenbahn nehmen.

8a 1 c 2 c 3 a

b 1 a, g 2 b, d, e 3 c, f

9 *individuelle Lösung*

10 *individuelle Lösung*

11 *individuelle Lösung*

Lektion 38

1a b, c

b Der Kauf-Nix-Tag heißt im Englischen „Buy Nothing Day". Er findet Ende November statt. Die Teilnehmer kaufen an dem Tag nichts. Sie protestieren so gegen zu viel Konsum. Es gibt diesen Tag in etwa 45 Ländern.

2a 1 29. November (letzter Samstag im November, Kauf-Nix-Tag) 2 Frederick: seine Schule macht beim Kauf-Nix-Tag mit; Mina: hat für ein Jahr Shoppingpause gemacht 3 Frederick Hauser: Schüler der 10. Klasse in der Gutenberg-Schule in Köln; Mina Waller: junge Bloggerin aus Berlin

b 1 f 2 r 3 f 4 f

c 5 r 6 f 7 r 8 r

3 1 b 2 b

4 Er fährt Fahrrad, damit die Umwelt sauber bleibt. Er kauft keine Süßigkeiten, damit er sich nicht ungesund ernährt. Er benutzt Recycling-Produkte, damit die Umwelt geschont wird. Er jobbt in den Ferien, damit er Geld verdient.

5a *individuelle Lösung*

b *individuelle Lösung*

6a Gestern gab es eine Fernsehsendung. Thema: Ein Journalist hat ohne Geld eine Weltreise gemacht. Er hat spannende Abenteuer erlebt.

b **positiv:** LaBelle_080, KäptnFabio
negativ: watermelon_123, Xavi_Star

c 1 Xavi_Star: Das geht ja gar nicht! … Ich mache doch Urlaub, um mich zu erholen! 2 La_Belle_080: Das ist mein absoluter Traum!!! Meiner Meinung nach braucht man gar nicht viel Geld, um glücklich und zufrieden zu sein. 3 KäptnFabio: Der Typ ist echt cool … Er hat bei den Leuten gearbeitet, um Essen oder einen Schlafplatz zu bekommen. 4 watermelon_123: Ich finde sein Verhalten eigentlich ziemlich egoistisch … Wahrscheinlich macht er das nur, um ins Fernsehen zu kommen und um viele Bücher zu verkaufen.

7 *Lösungsvorschlag:* – Ich brauche einen Fotoapparat, um Fotos zu machen. Wozu brauchst du eine Landkarte? – Ich brauche sie, um den Weg zu finden. Wozu brauchst du das Internet? – Ich brauche es, um mit Freunden zu chatten. Wozu brauchst du Freunde? – Ich brauche sie, um mich wohlzufühlen. Wozu brauchst du eine Brille? – Die brauche ich, um besser sehen zu können. Wozu brauchst du eine Zahnbürste? – Die brauche ich, um meine Zähne zu putzen. Wozu brauchst du Geld? – Das brauche ich, um mir etwas zu essen zu kaufen. Wozu brauchst du Fremdsprachen? – Die brauche ich, um mit Freunden zu telefonieren. Wozu brauchst du eine Briefmarke? – Die brauche ich, um eine Postkarte nach Hause zu schicken.

8a *individuelle Lösung*

b *individuelle Lösung*

Lektion 39

1a Carla erzählt Jule von ihrem Treffen mit Nick am Wochenende. Nick schreibt Carla plötzlich eine SMS, in der er mit ihr Schluss macht.

b 4, 2, 5, 3, 1

2 1 c 2 a 3 d 4 b

3 1 Wofür gibt Nick gern Geld aus? – Für Kleidung. 2 Woran denkt Nick? – Immer nur an seine Turniere. 3 Worüber freut sich Nick? – Über seine neuen Basketballschuhe. 4 Woran erinnert sich Nick? – An unseren letzten Streit. 5 Worüber streitet er? – Über ganz doofe Sachen. 6 Wofür entschuldigt sich Nick? – Für gar nichts. 7 Worüber ärgert sich Nick? – Über ein schlechtes Spiel.

4a b

b 1 Carla hat sich über die SMS geärgert. 2 Jule erzählt Stella nachher von der Geschichte. 3 Sie ist sauer auf Nick.

5 1 darüber 2 darüber 3 Daran 4 darüber 5 daran

6 *individuelle Lösung*

7a **Fabio:** Er ist gegen Nick. Das ist total unfair. Der Junge ist ziemlich feige. **Jonas:** Er ist für Nick. Hauptsache, man ist ehrlich und sagt die Wahrheit. Es ihr einfach so zu sagen, ist viel schlimmer für sie.

b *individuelle Lösung*

8 *Lösungsvorschlag:* 1 Ich würde zuerst mit meinen Eltern reden. 2 Ich würde prüfen, ob ich träume. 3 Ich würde zu einem Augenarzt gehen. 4 Ich würde es toll finden.

9a Abschnitt 1: Bild E

b Abschnitt 2: Bild D; Abschnitt 3: Bild A; Abschnitt 4: Bild B, C

c 1 Schwäne 2 Pinguine, Albatrosse 3 Albatrosse, Pinguine 4 Albatrosse 5 Elefanten, Affen

10 1 c 2 a 3 b

11 *Lösungsvorschlag:* Abschnitt 1: Die Liebe der Schwäne; Abschnitt 2: Die Treue der Pinguine; Die Aufgaben der Eltern; Die Zeit des Paares; Abschnitt 3: Der Nachwuchs der Vögel; Das Leben der Partner; Die Liebe der Albatrosse; Abschnitt 4: Die Gefühle der Tiere

12 *individuelle Lösung*

Landeskunde

1a 1 r 2 f 3 r 4 r 5 f 6 f 7 f

b 2 Deutschland hat 16 Bundesländer. 5 Bayern liegt im Süden und ist am größten. 6 Das Saarland liegt im Westen. 7 Hannover ist die Hauptstadt von Niedersachsen/Kiel ist die Hauptstadt von Schleswig-Holstein.

Lösungen Kursbuch

2a **1** In Österreich gibt es 9 Bundesländer: Salzburg, Oberösterreich, Steiermark, Kärnten, Niederösterreich, Burgenland, Vorarlberg, Tirol, Wien. Die Hauptstädte sind: Salzburg = Stadtstaat; Salzburg; Oberösterreich: Linz; Steiermark: Graz; Kärnten: Klagenfurt; Niederösterreich: St. Pölten; Burgenland: Eisenstadt; Vorarlberg: Bregenz; Tirol: Innsbruck; Wien = Stadtstaat **2** Die Bundesländer heißen in der Schweiz Kantone. Die Schweiz hat 25 Kantone.

b *individuelle Lösung*

Lesen

3 Es gibt Unterschiede bei den Themen Schulen und Universitäten, Gehalt der Lehrer, Zahl der Feiertage, Krankenhäuser und Polizei. Deshalb bestimmen die Bundesländer auch, wie lange Kinder zur Grundschule gehen, welche Fächer Lehrer unterrichten und wann die Schüler und Lehrer Ferien haben.

4a Es gibt: Winterferien, Osterferien, Pfingstferien, Sommerferien, Herbstferien, Weihnachtsferien. Dauer: Winterferien: 0 Tage bis 12 Tage; Osterferien: eine bis zwei Wochen; Pfingstferien: 0 Tage bis zwei Wochen; Sommerferien: ca. 6 Wochen; Herbstferien: 4 bis 12 Tage; Weihnachtsferien: eine bis zwei Wochen

b Andreas lebt in Bayern (München), Hendrik wohnt in Düsseldorf (Nordrhein-Westfalen). Nein, sie können zu dem geplanten Termin nicht zusammen an die Nordsee fahren, weil Hendrik nur bis 11.8. Sommerferien hat.

5 *individuelle Lösung*

Weißt du noch?

1a Die Reporterin ist in Westafrika im Urwald. Sie interviewt Tarzan.

b **1** um 5:30 Uhr **2** Von 6h bis 8h **3** Nach dem Frühstück **4** im Juli **5** am Nachmittag **6** am Donnerstag

2a *Lösungsvorschlag:* aufstehen, die Zähne putzen, mich anziehen, frühstücken

b *individuelle Lösung*

c *individuelle Lösung*

3 *individuelle Lösung*

Moduleinstiegsseite Sofie

1 Sofie kommt aus Köln. Sie singt und tanzt Ballett. Sie möchte bei einem Film mitmachen.

2 Sie macht eine Reise und hat eine Liste geschrieben. Sie muss Paul anrufen. Sie mag Tiere. Sie interessiert sich für „Der König der Löwen". Sie hat eine Einladung bekommen. Sie hat am 16. Juli eine Tanzprüfung. Sie hört gern Musik mit ihrer Freundin Luisa.

3 *individuelle Lösung*

Lektion 40

1a Sofie freut sich, denn die Klassenfahrt geht nach Hamburg.

b **1** a **2** b **3** c

2a **1** D **2** A **3** B **4** E

b *Lösungsvorschlag:* Wir würden gerne eine Hafenrundfahrt machen, weil wir so gerne Schiff fahren. Wir würden gern die Fahrradtour machen, weil wir alle Sehenswürdigkeiten sehen können.
Wir würden uns gerne das Musical ansehen, weil uns das Spaß macht. Wir würden gerne in das Automuseum gehen, weil wir das interessant finden. Wir würden gerne das Miniaturland besuchen, weil das mal etwas anderes ist.

3 Sofie sollte eine Hafenrundfahrt machen. Sie sollte ein Fischbrötchen probieren.

4a *individuelle Lösung*

b *individuelle Lösung*

5a **1** ein Schiff **2** bestes Hamburger Wetter: ein bisschen Sonne und viel Wind **3** der Kapitän **4** nein **5** Getränke und kleine Snacks **6** ja

b A D B C C E D A E B

c **1** b **2** c **3** b

6a A **1** B **3** C **4** D **2**

b *Frau Schurig:* Sie meint, Jugendliche können keinen Stadtplan lesen. *Jan:* Er kann am besten Stadtpläne lesen. *Herr Lehmann:* Er hat nur Mathe im Kopf. Er stellt ihnen eine mathematische Aufgabe. *Kapitän Peters:* Er erzählt spannende Sachen über den Hamburger Hafen. *Nadine und Charlotte:* Sie machen ein Mittagsschläfchen, während Kapitän Peters erzählt. *Dennis:* Er tanzt in dem Musical „Der König der Löwen".

c **1** Abschnitt 1: *Bevor* wir auf die Fahrräder steigen, suchen wir alle wichtigen Sehenswürdigkeiten auf dem Stadtplan. **2** Abschnitt 2: *Während* wir die wunderschöne Wasser-Fontäne an der Alster bewundern, hat Herr Lehmann wieder nur Mathe im Kopf. Wir sollen schätzen, wie hoch die Fontäne ist. **3** Abschnitt 3: *Während* Kapitän Peters uns spannende Sachen über den Hamburger Hafen erzählt, machen Nadine und Charlotte jedenfalls erst mal ein kleines Mittagsschläfchen. **4** Abschnitt 4: Leider müssen wir erst die richtige U-Bahn finden, *bevor* wir uns schließlich auf den Heimweg machen.

d *Bevor* wir auf die Fahrräder steigen, suchen wir alle Sehenswürdigkeiten auf dem Stadtplan. *Während* Kapitän Peters uns spannende Sachen erzählt, machen Nadine und Charlotte ein kleines Mittagsschläfchen.

7 *individuelle Lösung*

Lektion 41

1 *Lösungsvorschlag:* Sofie putzt im Schlafanzug ihre Zähne. Dabei schaut sie sehr **böse**. Sie ist überrascht.

2a b

b **1** Sofie **2** Sofie **3** Lilian **4** Sofie **5** Lilian **6** Sofie **7** Lilian

3 *Lösungsvorschlag:* Weil sie einen Schlafanzug trägt. Weil sie so ärgerlich aussieht. Weil sie nicht gekämmt, nicht gewaschen und nicht für den Tag angezogen ist. Wegen des Schlafanzugs.

4 *individuelle Lösung*

5 *individuelle Lösung*

6a D, A, C, B; *Lösungsvorschlag:* Sofie und Lilian sind zusammen in den Park gegangen, um zu joggen. Dort haben sie etwas gehört. Sie haben auf der Wiese gesucht und haben ein kleines Kätzchen gefunden. Sofie wollte das Kätzchen mit nach Hause nehmen. Aber ihre Eltern haben nicht erlaubt, dass das Kätzchen bei ihr bleibt.

b *individuelle Lösung*

7 **1** r **2** f **3** r

8 **1** c **2** d **3** a **4** e **5** b

9 **1** … niemand hat das Kätzchen vermisst. **2** … ihre Eltern erlauben es leider nicht.

10 *Lösungsvorschlag:* **A** Ich hätte zwar gerne ein Wildschwein, aber es ist ein wildes Tier. **B** Ich hätte zwar gerne einen Fuchs, aber wir haben keinen Garten. **C** Ich hätte zwar gerne eine Ente, aber wir haben keinen Teich. **D** Ich hätte zwar gerne einen Waschbären, aber ich habe keinen Platz für ihn. **E** Ich hätte zwar gerne einen Bernhardiner, aber unsere Wohnung ist zu klein für ihn. **F** Ich hätte zwar gerne eine Vogelspinne, aber sie ist zu giftig. **G** Ich hätte zwar gerne ein Kamel, aber es gibt bei mir nicht genug Platz. **H** Ich hätte zwar gerne eine Fledermaus, aber sie lebt lieber in Höhlen. **I** Ich hätte zwar gerne eine Wasserschildkröte, aber ich habe kein Terrarium. **J** Ich hätte zwar gerne eine Kobra, aber sie ist zu gefährlich.

11a **1** D **2** C **3** B **4** A

b *individuelle Lösung*

c **1** b **2** c **3** d **4** a

12 **A: 2** die **3** das **4** die **5** der **6** die; **2** das Kamel **3** die Ente **4** der Waschbär **5** die Kaninchen **6** die Fledermaus
B: 2 das **3** die **4** der **5** die **6** die; **2** die Vogelspinne **3** das Wildschwein **4** die Schwäne **5** der Albatros **6** die Elefanten

13 **1** Vögel **2** Pferd **3** Hund **4** Katze

14 **1** die **2** die **3** den **4** das

15 *individuelle Lösung*

Lektion 42

1a Zu einem Testessen kann man sich hier anmelden.

b *Lösungsvorschlag:* Wann ist das Testessen? Wie viele Gerichte müssen die Teilnehmer probieren? Wo kann man sich anmelden? Bis wann kann man sich anmelden? Warum wird das Testessen gemacht?

2a Sie sollen beantworten, wie das Essen schmeckt. …, ob die Portionen groß genug sind. …, ob die Zutaten frisch sind. …, wie lange man warten muss.

b *Lösungsvorschlag:* Gibt es auch ein vegetarisches Gericht? Ist das Personal nett? Gibt es auch Nachspeisen? Sind die Tische und das Geschirr sauber?

c *Lösungsvorschlag:* Wir fragen, ob es auch ein vegetarisches Gericht gibt. …, ob das Personal nett ist. …, ob es auch Nachspeisen gibt. …, ob die Tische und das Geschirr sauber sind.

3a **1** B **2** C **3** A

Lösungen Kursbuch

b 1 b 2 c 3 b

4 1 f 2 f 3 r

5a C – E – A – B – D

b D

6 *Lösungsvorschlag:* Magst du kaltes Apfelmus? Magst du grüne Bohnen? Magst du frischen Käse? Magst du rohen Fisch?

7 *individuelle Lösung*

8a *individuelle Lösung*

b *individuelle Lösung*

c *individuelle Lösung*

Landeskunde

1a Nordsee: im Norden, westlich der Ostsee; Mecklenburger Seenplatte: im Nordosten Deutschlands; Rhein: im Westen Deutschlands; Schwarzwald: im Südwesten Deutschlands; Alpen: in der Schweiz, in Österreich und im Süden Deutschlands; Vierwaldstätter See: in der Schweiz

b *individuelle Lösung*

2 *individuelle Lösung*

Lesen

3a 1 F Mecklenburger Seenplatte 2 B Alpen 3 A Schwarzwald 4 D Nordsee 5 E Rhein 6 C Vierwaldstätter See

b *individuelle Lösung*

4 *Lösungsvorschlag:* 1 Kraniche, Fischadler 2 *individuelle Lösung* 3 Hier stoßen Frankreich, Deutschland und die Schweiz zusammen. 4 Man setzt sich hinein und entspannt sich. So ist man windgeschützt. 5 Eine Märchenfigur. 6 Das Luzern Festival besuchen, in Sommerbars gehen, …

Weißt du noch?

1 Schokolade, Bananen, Salami

2 *Lösungsvorschlag:* **Getränke**: Saft, Ananassaft, Apfelsaft, Mangosaft, Orangensaft, Bananenmilch, Cola, Limo/Limonade, Spezi, Kaffee, Kakao, Karibik-Cocktail, Wasser, Mineralwasser, Eisgetränk, Eistee, Eisschokolade, Eiskaffee, … **Obst**: Ananas, Apfel, Banane, Mango, Melone, Obstsalat, Orange, Zitrone, Erdbeere, … **Gemüse**: Kartoffel, Salat, Tomate, Zwiebel, Karotte, grüne Bohnen, … **Süßigkeiten**: Kaugummi, Kuchen, Apfelkuchen, Pfannkuchen, Lebkuchen, Torte, Schokoladentorte, Popcorn, Mozartkugel, Keks, Weihnachtskeks, Schokolade, Schokoladeneins, Spaghetti-Eis, Stracciatella-Eis, Chips, … **Zutaten für einen Kuchen**: Ei, Butter, Mehl, Milch, Zucker, Vanille, … **weitere Lebensmittel**: Apfelmus, Kartoffelpuffer, Brot, Brötchen/Semmel, Breze, Käse, Fisch, Fleisch, Schinken, Schnitzel, Braten, Wurst, Bratwurst, Salami, Fleischpflanzerl/Frikadelle, Suppe, Kartoffelsuppe, Tomatensuppe, Gemüsesuppe, Marmelade, Müsli, Jogurt, Öl, Salz, Pfeffer, Soße, Tomatensoße, Ketchup, Nudeln, Spaghetti, Pizza, Reis, Knödel, Pommes, Nudelsalat, …

3 *individuelle Lösung*

4 *individuelle Lösung*

Moduleinstiegsseite Simon

1a Seine Hobbys sind Fußball, Science-Fiction, Informatik, Computerspiele. Er möchte eine neue Sprache lernen, besucht Herrn Mommsen im Altenheim und testet gerne Apps.

b *21.6.:* Es geht um eine neue Sprache, die man ganz schnell lernen kann. Simon versucht, sie zu lernen. *18.6.:* Simon hilft Wilhelm Mommsen am Computer, z. B. dabei, ins Internet zu gehen oder E-Mails zu schreiben. *12.6.:* Simon stellt die neue App vom FC Bayern vor und beurteilt sie.

2 *individuelle Lösung*

Lektion 43

1a b

b 1 r 2 r 3 f 4 r 5 r

2 gehen: ging; zurückkommen: kam zurück; fehlen: fehlte; erzählen: erzählte; machen: machte; fahren: fuhr; sich setzen: setzte

3b *individuelle Lösung*

4 **A: 1** las, stand, dachte **2** spielten, gewann, sah **3** kam, sah, setzte sich, sagte **4** sagte, setzte sich, fuhr **5** lag, hörte, rief an, hörte, dachte, ging **6** schaltete ein, begann, nahm; 1E, 2F, 3D
B: A machte auf, suchte, dachte **B** stand, sah, war **C** machte auf, lief, setzte sich **D** aß, hatte **E** machte auf, suchte, konnte, hörte **F** stand auf, ging, wartete, kam zurück; A5, B4, C6

5 *Lösungsvorschlag:* Sie orten das Handy über GPS und sehen am Bildschirm, wo es ist.

6a Er geht die Bodenseestraße entlang. – Er ist genau gegenüber dem Fitness-Studio. – Er biegt in die Hillernstraße ab. – Er geht in die Bäckerei. – Er geht bis zur Kreuzung. – Er geht links um die Ecke, in die Maria-Eich-Straße. – Er geht über die Straße.

b **1** A **2** Dort wohnt Sven.

7 Dialog 1: Taverne „El Greco"; Dialog 2: Polizei; Dialog 3: Restaurant „Confetti".

8 *individuelle Lösung*

9a **1** im Studio **2** nein **3** Ein Freund von ihm könnte das Handy gestohlen haben **4** Nein, er wollte die App testen.

b **1** gesucht **2** Polizei **3** Polizisten **4** finden **5** SIM-Karte **6** Nähe **7** Informatik-Club **8** besucht **9** Tisch **10** sauer **11** App **12** finden

10 *individuelle Lösung*

11a **A** 4 **B** 6 **C** 1 **D** 2 **E** 3 **F** 5

b **1** Witz-Alarm **2** Blondie **3** WC-Sucher **4** Songmaschine **5** Kuss-Test **6** Tiptopfit

c *individuelle Lösung*

12 **1** vieles machen kannst. / viel Spaß hast. **2** alle beneiden. **3** du etwas ausprobieren kannst. **4** du nicht verzichten kannst. **5** du Lust hast.

13 *individuelle Lösung*

Lektion 44

1a *Lösungsvorschlag:* Der Dialog könnte in einem Sprach-lehrbuch stehen. Das Thema ist „sich vorstellen".

b Hallo! Wie heißt du – Ich heiße Daniela. – Woher kommst du? – Ich komme aus Berlin.

2a Das Alphabet hat nur 14 Buchstaben. Die Sprache besteht aus nur 120 Wörtern, die ihre Form nicht verändern.

b **1** Ein Wort kann verschiedene Bedeutungen haben. Wenn man etwas beschreiben möchte, muss man verschiedene Wörter miteinander kombinieren. **2** In der ganzen Welt gibt es erst etwa hundert Menschen, die Toki Pona sprechen. **3** keine Informa-tionen **4** Für einen Roman oder schwierige Themen ist die Sprache nicht geeignet, weil es nicht genug Vokabular und zu wenig grammatische Formen gibt.

3 **1** f **2** r **3** f **4** r

4 **1** b **2** a

5 *individuelle Lösung*

6 *Lösungsvorschlag:* oft mit deutschen Freunden zusammen sein, Filme auf Deutsch ansehen, mit anderen zusammen Deutsch lernen, …

7a Am Vormittag gibt es ein Quiz, einen Film, eine Präsentation und einen Vortrag. Am Nachmittag kann man verschiedene Workshops machen und an einem Gespräch teilnehmen.

b **1** D **2** B **3** G **4** I **5** – **6** H

8 *individuelle Lösung*

9a Irina: russisch/deutsch Simon: englisch/deutsch Herr Hórvath: ungarisch/deutsch

b **1** b **2** c **3** b **4** a **5** a

10a **A** 3 **B** 2 **C** 1

b **A** Herr Hórvath war als Kind bei seiner Tante in Wien gewesen und hatte da nur deutsche Lieder gehört. **B** Herr Hórvath ist als Erwachsener nach Deutschland gekommen. **C** Herr Hórvath ist Musiklehrer in Deutschland.

11 *individuelle Lösung*

Lektion 45

1a *Lösungsvorschlag:* **A:** Zwei Schülerinnen spielen Geige vor einem älteren Publikum. **B:** Simon zeigt Wilhelm Mommsen etwas auf dem Laptop. **C:** Ein junger Mann telefoniert. **D:** Eine Jugendliche beugt sich von hinten über eine ältere Dame. Text 1: Foto C; Text 2: Foto B

b *Text 1:* Die Mitglieder von „Child Helplines" beraten Kinder und Jugendliche bei Problemen. Die Beratung ist telefonisch, anonym und kostenlos. *Text 2:* Schüler helfen Senioren beim Umgang mit Computern. Senio-ren machen einen sechswöchigen Computerkurs, bei dem sie lernen, wie man Texte am Computer schreibt und im Internet surft.

Lösungen Kursbuch

(2) 1 b 2 a 3 a

(3) 1 wo 2 was 3 was 4 wo

(4a) 1 Simon, Herrn Mommsen 2 Wilhelm Mommsen 3 Simon 4 Simon

(b) Besuch der Schule in Ostfriesland – Ausbildung an der Schiffsjungenschule in Hamburg – regelmäßige Fahrten durch die Nord- und Ostsee – erste Fahrt nach New Orleans, dann viele große Fahrten auf allen Kontinenten

(c) 1 b 2 b 3 a 4 b

(e) 1 c 2 a 3 b

(5) *individuelle Lösung*

(6a) *individuelle Lösung*

(b) *individuelle Lösung*

(7) 6 In Cristóbal kam ein kleiner Affe auf das Schiff. 4 Man wusste nicht, woher er kam. 2 Der Kapitän ärgerte sich sehr, weil der Affe auf dem Schiff blieb. 3 Wir gaben ihm zu essen, dann schlief er. 1 Plötzlich war er weg und alle suchten ihn. 7 Aber er war nicht mehr auf dem Schiff und alle waren sehr traurig. 5 Fast alle mochten Mickey sehr gerne.

(8) 1 … konnte der Kapitän nichts mehr machen. 2 … legte er sich zufrieden in eine Ecke und schlief.

(9) *individuelle Lösung*

Landeskunde

(1) 1 r 2 r 3 r 4 f

(2a) A Carl-Zeiss-Realschule, Ausbildung zum Krankenpfleger B Gymnasium, Studium an der Uni Köln, Architektin C Hauptschulabschluss, Ausbildung in einem Hotel, Hotelkaufmann

(b) *individuelle Lösung*

Lesen

(3a) 1 D 2 C 3 B 4 A

(b) Absatz 1: Psycho; Absatz 2: Die Schüler, die wahnsinnig langweilig sind oder die keine Freunde haben. Absatz 3: Er hat keine Freunde mehr, seit Paul weggezogen ist. Absatz 4: Paul geht es jetzt sehr schlecht.

(4) *individuelle Lösung*

Weißt du noch?

(1) 1 b 2 c

(2) *Lösungsvorschlag:* A Die Fußballspieler haben viel trainiert, haben viele Tore geschossen, haben fast jeden Tag Fußball gespielt, haben viel gedribbelt, … B Die Dolmetscherin hat viel erklärt, hat sich gut vorbereitet, hat alles verstanden, hat oft wiederholt, … C Der Schüler hat viel geübt, hat viel gelesen, hat viele Vokabeln gelernt, hat sich gut vorbereitet, …

(3) *individuelle Lösung*

Lösungen Arbeitsbuch

Lektion 37

1   **2** d **3** e **4** c **5** a

2a   **2** C **3** A

b   <u>zu</u>

c   … die Heizung   auszumachen
… Blumen für Oma   zu   besorgen
<u>Ende</u>

3a   **2** zu lernen … zu machen **3** zu gehen –
mitzukommen … fernzusehen **4** abzuschließen
5 anzuschauen … einzuladen

b   **Verben** raten, vergessen, versuchen, planen,
besorgen, lernen, machen, gehen, mitkommen,
fernsehen, abschließen, anschauen, einladen
Ausdrücke es ist …, (keine) Lust haben, Angst
haben

4   **2** besuchen … zu fahren **3** mitzukommen – fahren
4 auszumachen … zurückgehen

5a   **A** das Licht ausmachen **B** das Licht anmachen
C die Tür aufmachen

b   **2** an **3** auf **4** an **5** aus **6** an **7** auf

6   *Lösungsvorschlag:* **A** Vielleicht hat er vor auszugehen.
B Vielleicht plant sie eine Freundin zu treffen.
C Vielleicht hat er vor zu kochen.

7a   **A** 3 **B** 2 **C** 1

b   **2** brauchen … zu schreiben **3** braucht nicht … zu
gehen **4** brauchst keine … zu haben **5** brauchst …
nur anzurufen

8a   **2** tragen **3** sagen **4** übernehmen **5** aufräumen

b   *individuelle Lösung*

9   **Dialog 1** 1 könnten … übernehmen 2 nicht …
vielleicht … vergiss **Dialog 2** 3 Idee … vielleicht
4 einverstanden

10   **2** übernehmen **3** tragen **4** arbeiten **5** haben

11   **A** … Fußball. **B** Es geht um das Wetter. **C** Es geht
um ein neues Auto. **D** Es geht um den Oscar für den
besten Film.

12   **2** verabreden **3** machen **4** fotografiert **5** schreiben

13   **2** chatten **3** essen **4** lesen **5** wohnen

14a   **2** Sie fährt Motorrad. **3** Er spielt Fußball. **4** Sie tanzt
Tango. **5** Er liest Zeitung.

b   fahren   +   er
               erin
   → der <u>Autofahrer</u> → die <u>Autofahrerin</u>

15   **2** Fahrradfahrerin **3** Radiohörer **4** … ist eine Frau.
Sie spielt Klavier. **6** … ist ein Mann. Er trägt Jeans.
7 … ist eine Frau. Sie läuft einen Marathon.

16   Angst – Toleranz + Respekt + Pech – Problem –

17   **1** b **2** a **3** a

18   *Lösungsvorschlag:* Die Menschen treffen sich auf einem
Platz. Sie machen das Gleiche. Sie tanzen synchron für
Respekt und Toleranz.

19a   **2** d **3** a **4** c

b   des Castings
der Probe
der Prüfungen
… <u>Genitiv</u>. … die Endung <u>s</u>.

20   **2** des Films **3** seines Vortrags **4** des Konzerts
5 der Ferien **6** der Klassenarbeit **7** des Castings

21   *Lösungsvorschlag:* **A** Während des Fernsehens isst
sie Popcorn. **B** Während des Unterrichts chattet sie.
C Während der Pause liest sie E-Mails.

22b   **2** <u>mit</u>bringen – ich bringe <u>mit</u> – ich habe <u>mit</u>gebracht
3 <u>weg</u>fahren – ich fahre <u>weg</u> – ich bin <u>weg</u>gefahren
4 be<u>sorg</u>en – ich be<u>sorg</u>e – ich habe be<u>sorg</u>t **5** sich
ver<u>abred</u>en – ich ver<u>abred</u>e mich – ich habe mich ver-
<u>abred</u>et **6** ver<u>kauf</u>en – ich ver<u>kauf</u>e – ich habe ver<u>kauf</u>t

Lektion 38

1   **1** Kaufhaus, das Kiosk, der Supermarkt, das Geschäft
2 die Süßigkeiten, der Hamburger **3** Zeitung, die
Zeitschrift, das Magazin, das Buch **4** die Bank, der
Preis, das Portemonnaie; *Lösungswort:* Konsum

2a   **2** ausgeben **3** verzichten **4** protestieren
5 konsumieren

b   **1** auf **2** gegen **3** für

c   *individuelle Lösung*

3   *individuelle Lösung*

4   **2** ausgeben **3** behandeln **4** teilen **5** machen
Sätze: individuelle Lösung

5   **2** konsumieren **3** Umfrage **4** Reicht **5** Überlegst
6 Werbung **7** gibst … aus **8** Jobbst **9** Sucht **10** nähen

6a   **2** B **3** A

b   …, damit er ein Saxofon kaufen kann.

c   … <u>Nebensatz</u>. … <u>Ende</u>.

7a   **2** a **3** d **4** b

Lösungen Arbeitsbuch

b 1 … er und seine Freunde eine Party machen können. **2** Sonia steht früh auf, damit sie pünktlich in der Schule ist. **3** Lars macht immer Hausaufgaben, damit seine Noten besser werden. **4** Pia trainiert viel, damit sie eine berühmte Sportlerin wird.

8 *Lösungsvorschlag:* **1** … sehen kann. **2** …, damit wir pünktlich sind. **3** …, damit dir nicht kalt ist. **4** …, damit ich schlafen kann.

9 *individuelle Lösung*

10 **2** Leben **3** Held **4** Verhalten **5** Welt **6** Experiment **7** Urlaub **8** Gegenteil **9** Kreditkarte; *Lösungswort:* Abenteuer

11 **1** mutig **2** Abenteuer **3** wahnsinnig **4** erholen **5** Urlaub **6** jedenfalls **7** wahr **8** überleg **9** sonst

12a **2** a **3** c

b …, um … zu …

c gleich.

d 1 … … … finden
2 um … kennenzulernen
3 um die Sprache besser sprechen zu können

13 **2** Max steht sehr früh auf, um nicht zu spät zu kommen. **3** Pia schreibt eine E-Mail an ihre Tante, um ihr zum Geburtstag zu gratulieren. **4** Yannik jobbt in den Ferien, um ein bisschen Geld zu verdienen. **5** Tina fährt mit dem Bus zum Bahnhof, um ihre Freundin abzuholen. **6** Mara geht in den Supermarkt, um Getränke zu kaufen. **7** Theo macht sehr lange Hausaufgaben, um nicht mit seinen Eltern spazieren zu gehen.

14a **2** – **3** x **4** x **5** – **6** x

b **2** Olli macht einen Sprachkurs in England, damit seine Noten besser werden. **3** Tina möchte nach der Schule Biologie studieren, um Naturwissenschaftlerin zu werden. **4** Elisa möchte nach der Schule ins Ausland gehen, um später bessere Berufschancen zu haben. **5** Julia geht abends immer früh nach Hause, damit ihre Eltern keine Angst haben. **6** Benjamin macht viele Reisen, um die Welt kennenzulernen.

15 *Lösungsvorschlag:* Menschen machen Sport, um sich zu bewegen. Menschen machen Sport, um abzunehmen. Menschen machen Sport, um zu trainieren. Menschen machen Sport, um gesund zu leben.

16 **2** der Fotoapparat **3** die Landkarte **4** die Briefmarke **5** die Kreditkarte **6** die Zahnbürste

17 **Dafür sein:** Das sehe ich genauso. Das sehe ich auch so. Da bin ich deiner Meinung. Da hast du recht. Das finde ich toll. **Dagegen sein:** Da bin ich anderer Meinung. Das stimmt doch nicht.

18 **2** Hm, ich weiß nicht. **3** Da hast du recht. **4** Meiner Meinung nach ist das unfair.

19 *individuelle Lösung*

21a Meiner Meinung nach ist das <u>rich</u>tig. – <u>Wie</u> bitte? Aber <u>warum</u>? Das sehe ich <u>nicht</u> so. – <u>Doch</u>, <u>doch</u>, <u>das</u> stimmt. Es tut mir <u>leid</u>, aber ich habe <u>recht</u>. – <u>Nein</u>, das finde ich <u>nicht</u>! Da bin ich <u>anderer</u> Meinung. Ich denke, das ist <u>nicht</u> richtig.

Lektion 39

1 **2** die Erklärung **3** die Entschuldigung **4** die Einladung

2 **2** ausgeben, sich entschuldigen **3** sich erinnern, denken **4** sauer sein **5** sich aufregen, sich ärgern, sprechen, sich streiten

3a **1** Heute **2** Morgen

b **1** über **2** auf **3** auf **4** über

4 **2** über **3** für **4** über **5** auf **6** an **7** für **8** an **9** an

5a **2** über das Taschengeld **3** für Computerspiele **4** auf seine Mutter **5** an das tolle Wochenende im Sportcamp **6** an die netten Leute

b ◆ <u>Wofür</u> …?
● <u>Woran</u> …?
◆ <u>Auf wen</u> …?
● <u>An wen</u> …?

6a **1** Woran **2** Worauf **3** Womit **4** Wogegen **5** Auf wen

b **2** worüber

7 **2** … habt ihr geredet? **3** Wofür soll er sich entschuldigen? **4** Für wen interessiert er sich?

8 **1** gemein **2** Idiot **3** beruhige

9 **2** den Reiseleiter **3** die Fragen **4** die Sprachen **5** Omas Geburtstag

b <u>darauf</u> … <u>darüber</u> … <u>auf ihn</u>

10 **2** davon **3** darauf **4** dafür **5** damit

11 **2** über sie **3** darauf

12 **2** daran **3** darüber **4** ihm **5** darauf

13 **1** unfair **2** überrascht **3** schlimm **4** ehrlich **5** feige

14a **2** erzählen **3** tun **4** sitzen **5** lernen

b

> würde
> würdest   würdet
>   würden
>
> … würde … machen

… würde- … Infinitiv.

15 2 würdet a 3 würdest b 4 würde c

16 1 treffen 2 würden … gehen 3 würde … zeigen
4 würdet … treffen 5 würdet … machen

17 *individuelle Lösung*

18 **B** der Pinguin, die Pinguine **C** der Schwan, die
Schwäne **D** der Elefant, die Elefanten **E** der Albatross,
die Albatrosse

19 *Lösungsvorschlag:* der Fisch, das Kamel, der Bär, die
Katze, die Kuh, das Pferd, die Brillenschlange, der
Delfin, der Dinosaurier, die Eule, der Gepard, die
Giraffe, die Kobra, die Maus, die Schildkröte, die
Schlange, der Vogel

20 **Mensch:** essen, die Frau, der Mann **Tier:** fressen,
das Männchen, das Weibchen

21 1 Geld 2 den Streit 3 das Symbol

22 2 gemeinsam 3 genug 4 ähnliche 5 treu 6 toter

23 2 Tod 3 Gefühl

24 2 a 3 d 4 c
… des/   …   …
… des/   …   meines …
…   einer/   meiner …
… der/   …

25 2 Das ist der Hut des Künstlers. 3 Das sind die Stiefel
meiner Schwester. 4 Das ist die Kamera des Reporters.

26 2 des Naturforschers 3 unserer Großväter
5 seines Filmes 6 der Tiere

Modul Fabio, Training: Lesen, Hören, Schreiben

1a 2 D 3 G 4 B 5 E

b b

2a 1 a 2 a 3 b 4 c

3b 1 Mila 2 Sven 3 Theresa 4 – 5 Nick

c … 2 Theresa liebt es, ordentlich zu sein … 3 Eine
ähnliche Meinung hat Mila … 4 Anders als die beiden
Mädchen sehen das die beiden Jungen … 5 Nick
schließlich findet es vor allem wichtig, dass …

Das kannst du jetzt

Lösungen siehe AB, S. 105

Lektion 40

1 2 Norden 3 Nordsee 4 Elbe 5 Ostsee 6 Donau
7 Schweiz 8 Süden

2a 2 Stadtrundfahrt 3 Kirche 4 Gebäude 5 Hafen 6 Essen
7 Rekord 8 Zuschauer 9 Kostüme 10 Zoo

b 2 machen 3 kennenlernen 4 genießen 5 gehen
6 füttern

c *Lösungsvorschlag:* … den Hamburger Hafen
besichtigen. … eine Stadtrundfahrt machen.

3 1 reparieren 2 Maschine 3 begeistert … Mitarbeiter –
insgesamt 4 Kraft 5 Wagen – Motor

4a 1 B 2 D 3 A 4 C

b 2 Hamburger Fischbrötchen 3 Nürnberger Lebkuchen
4 Münchner Weißwürste

5a 2 C 3 D 4 B 5 A

b solltest   solltet
sollte

6 2 C solltest 3 A sollten 4 C solltest 5 B solltet
6 A sollten

7 *Lösungsvorschlag:* Er/Sie sollte mit seinen/ihren Eltern
sprechen. Er/Sie sollte mit seinen/ihren Freunden
sprechen. Er/Sie sollte mit dem Lehrer sprechen.

8b Liebe Frau Scheffler,

c Leider kann ich …

d Viele Grüße

e *individuelle Lösung*

9 2 A 3 F 4 C 5 B 6 E

10 2 ein Tag 3 eine Woche 4 ein Monat 5 ein Jahr
6 ein Jahrhundert

11 2 im 19. Jahrhundert 3 im 20. Jahrhundert
4 im 20. Jahrhundert 5 im 19. Jahrhundert
6 im 16. Jahrhundert

12 1 arbeitslos 2 kraftlos 3 lustlos

13 1 beweisen 2 e bewundern 3 a schätzen 4 d steige
5 c unterhalten

14 1 schließlich 2 gleichzeitig 3 außerdem

Lösungen Arbeitsbuch

15a **A** Bevor Lars zur Schule geht … **B** Während Lars zur Schule geht …

b B = gleichzeitig A = nicht gleichzeitig

c … Lars   zur Schule   geht,   hört   er   Musik.

Lars …   …   …   er   zur Schule   geht. … (→ bevor)

16 1 während 2 Bevor 3 Während 4 bevor 5 bevor 6 Während

17 *Lösungsvorschlag:* **1** …, kauft sie im Supermarkt ein. **2** Während Oskar mit seiner Freundin telefoniert, sitzt er im Bus. **3** Bevor Maria ins Bett geht, putzt sie ihre Zähne. **4** Bevor Charlotte in den Urlaub fährt, kauft sie einen neuen Bikini. **5** Während Mira ihr Lieblingslied singt, duscht sie.

Lektion 41

1 *individuelle Lösung*

2 1 postet 2 informieren 3 löschen 5 brauchst 6 Bitte

3 **Schlafen:** der Schlafanzug **duschen:** das Handtuch, das Duschgel **Zähne putzen:** die Zahnpasta, die Zahnbürste

4 1 wütend 2 peinlich 3 witzig

5a **A** Wegen der Farbe … Wegen des Erfolgs … **B** Wegen der Probleme … Wegen Nadja, …

b

+ bestimmter Artikel	+ unbestimmter Artikel
des	eines
der	einer
der	
wegen Nadja	

… Genitiv.

6 1 des Streits 2 der Fotos 3 des Wetters 4 Sonja 5 einer Zwei

7 2 ☺ 3 ☹ 4 ☹ 5 ☹ 6 ☹ 7 ☺ 8 ☹ 9 ☺

8a 2 wütend 3 Verhalten 4 Ordnung 5 Reaktion 6 verständlich 7 übertrieben

b *individuelle Lösung*

9 *individuelle Lösung*

10a 1 Mädchen gepunktet 2 Junge 3 Mädchen gestreift

b 2 b 3 d 4 a

11 1 c 2 a 3 b

12 Bernhardiner Ente Fledermaus Fuchs Kamel Kätzchen Waschbär Wasserschildkröte Wildschwein Schwan Pferd Pinguin

13 **Kätzchen:** süß, klein **Vogelspinne:** giftig, klein, gefährlich, wild **Wildschwein:** groß, gefährlich, wild, stark

14a 1 b 2 c 3 a

b … findet sie schrecklich.
… Position 0.

15 **2** Sara findet zwar Vogelspinnen toll, aber sie sind giftig. **3** Obelix isst zwar gerne Wildschweine, aber im Wald leben nicht genug Wildschweine. **4** Lilian liebt zwar Kätzchen, aber es gibt nicht genug Platz zu Hause. **5** Fabian hätte zwar gern einen Fuchs als Haustier, aber ein wildes Tier kann nicht in einer Wohnung leben.

16a 2 lebt 3 bietet 4 bauen

b …, der … sucht.
… Nebensatz:

d

Hauptsatz	Relativsatz
Bezugswort	Relativpronomen
… Kaninchen,	das …
… Stadt,	die …
… Enten,	die …

das, die, die (plural) …

17 **2** Zeig mir doch mal das Foto, das Sofie wütend gemacht hat. **3** Kennst du Lilian, die mit Sofie in eine Klasse geht? **4** Ist das der Junge, der sein Kätzchen gesucht hat? **5** Oh schau mal, die Kätzchen, die da in der Ecke liegen. **6** Warst du schon einmal im Tierheim, das in der Nähe vom Zoo ist?

18a Unser Haus hat einen großen Garten, den unsere Tiere lieben.
Das ist unser Hund, dem ich jeden Tag Futter gebe.

b

Relativpronomen im Akkusativ	Relativpronomen im Dativ
Relativsatz	Relativsatz
Relativpronomen	Relativpronomen
das …	dem …
die …	der …
	denen …

… Bei Verb + Akkusativ … Akkusativ. Bei Verb + Dativ … Dativ.

19 2 dem (Dativ) 3 der (Dativ) 4 die (Akkusativ) 5 denen (Dativ) 6 die (Akkusativ)

20 1 dem 2 die – denen 3 die – der 4 den – den … dem 5 das – das

21 2 Zoo - Loch 3 Fuchs – suchen 4 ihm – schlimm 5 Schwan – Panne 6 toll – tot 7 Junge – Juli 8 Wien – Wind 9 Hafen – Affe 10 Schloss – groß 11 Hut – Futter 12 bieten – bitten 13 fallen – fahren 14 Weg – weg 15 Uhr – Mund 16 Tim – Tier

Lektion 42

1 2 bearbeitet 3 programmieren 4 teilnehmen – Meld dich … an!

2 A Guten Appetit! B Viel Glück! C Gute Besserung!

3 2 das Lernen 3 dem Einkaufen 4 ein interessantes Leben

4 1 Essen – kochen 2 Duschen 3 lesen 4 Streiten

5 1 Tisch 2 Personal 3 Nachspeise 4 Portion

6a 1 c 2 a 3 b

b *W-Frage*
…, wie … war.
Ja-/Nein-Frage
…, ob … hat.

c … ob.
… Ende.

7 1 …, ob du heute Abend zu der Party gehst.
2 …, warum Ria eine Woche auf ihr Smartphone verzichten will.
3 …, ob bei dem Testessen auch Lehrer mitmachen?

8 1 …, ob man Spaghetti auch mit Fisch machen kann.
2 Sina fragt, wann der Flashmob morgen anfängt.
3 Kevin möchte wissen, ob er zum Ausflug Schwimmzeug mitbringen soll.

9 *Lösungsvorschlag:*

Sehr geehrter Herr Keil,
mein Name ist … . … Unsere AG würde am Ende des Schuljahres gern ein Schulessen organisieren und wir wollten Sie fragen, ob Sie damit einverstanden sind. Wir würden auch gern wissen, wer uns bei der Organisation helfen kann. Wir möchten außerdem fragen, ob man für so ein Schulessen auch Geld von der Schule bekommen kann.

…
Mit freundlichen Grüßen
…

10 1 günstig 2 ebenso 3 positiv 4 fett

11 2 Eindruck 3 Gesamtschule 4 Angebot 5 Qualität 6 Geschmack 7 Direktorin 8 Preise

12 2 das Salz 3 die Zwiebel 4 die Bohne 5 das Mehl 6 das Öl 7 der Käse

13 2 vermischen 3 schneiden 4 braten 5 reiben 6 schälen 7 kochen

14a 2 Mehl 3 Käse 4 Marmelade 5 Käse

b Marmeldade (rot), Käse (frisch)

c

Im Nominativ		Im Akkusativ	
…	frischer …		frischen …
		…	helles …
…	rote …		rote …

d …, dass es keinen Artikel …

15 1 verschiedene 2 leckeren – frische 3 kalter 4 leckerer … kalte 5 witziges … roten

16 *Lösungsvorschlag:* A Caspers Lieblingsessen sind süße Torten und große Kuchen. Er mag auch gern kleine Süßigkeiten, aber grünes Gemüse mag er überhaupt nicht gern. B Emilias Lieblingsessen sind frisches Obst und kleine Karotten. Sie mag auch gern heiße Soßen, aber fettes Fleisch isst sie überhaupt nicht gern.

17 2 Teelöffel 3 Kilogramm 4 Gramm 5 Liter

18a 2 g 3 l 4 kg

b 2 legen 3 schneiden 4 waschen 5 schneiden 6 vermischen 7 dazugeben 8 würzen 9 schälen 10 kochen

19 3 dann sage ich 4 komme ich zum Schluss 5 Ich persönlich 6 Hier bei uns 7 Es hat Vorteile 8 Ich finde es positiv 9 Aber negativ ist 10 Ich würde sagen 11 für Ihre Aufmerksamkeit

Modul Sofie, Training: Lesen, Hören, Sprechen

1 1 c 2 c 3 b 4 b

2a 1 a 2 c 3 b 4 c 5 b

3a Ohle ist dagegen.

b Ich finde es total langweilig … Das macht Spaß und tut mir gut! … dass ich viel mehr lerne … um ein bisschen mehr Geld zu haben … weil das auch gesünder ist

c *individuelle Lösung*

d *individuelle Lösung*

Lösungen Arbeitsbuch

Das kannst du jetzt

Lösungen siehe AB, S. 105

Lektion 43

1a **2** f **3** a **4** e **5** d **6** b

b **2** ein Foto … machen **3** auf das Geld aufgepasst **4** App … installieren

2 ins Netz zu gehen, eine App zu installieren und ein Foto zu machen

3 **2** aufpassen **3** ausschalten **4** einlegen **5** stehlen

4a sollte: fehlte, erzählte, machte, sich setzte, wartete, einschaltete, einlegte, konnte
war: zurückkam, fuhr, sah

b

Präteritum
konnte
durfte
musste
hatte

c

Regelmäßige Verben mit -te		Unregelmäßige Verben
	war<u>tetest</u>	fuhr<u>st</u>
machte	war<u>tete</u>	fuhr<u> </u>
	war<u>teten</u>	fuhr<u>en</u>
	war<u>tetet</u>	fuhr<u>t</u>
mach<u>ten</u>	war<u>teten</u>	fuhr<u>en</u>

→ erzähl
→ wart

5 **2** besuchten **3** liebte **4** spielte **5** interessierte sich **6** programmierte **7** verkaufte **8** machten **9** hörten **10** testeten **11** schauten

6 **2** g **3** c **4** b **5** d **6** a **7** f **8** h

7 **2** fragten **3** vermisste **4** gingen **5** holten **6** gaben **7** hatte **8** wollte **9** erlaubten **10** brachten

8a **2** hörten **3** redeten **4** hatten **5** schlug … vor **6** erzählte **7** war **8** nahmen **9** gingen **10** sah … aus **11** schauten **12** konnten **13** hörte **14** lief **16** begann **17** kamen **18** waren **19** musste **20** erzählten **21** wollte **22** lebte **23** gingen … zurück **24** fand **25** sah **26** fing … an **27** sagte **28** kamen **29** saß **30** hörten **31** hatte

b *individuelle Lösung*

9 *Lösungsvorschlag:* **1** aufstehen – stand auf/bestehen – bestand/verstehen – verstand **2** bekommen – bekam **3** reiben – rieb/steigen – stieg **4** fressen – fraß/essen – aß **5** beraten – beriet/heißen – hieß/anrufen – rief an/braten – briet **6** denken – dachte **7** anfangen – fing an/hängen – hing **8** singen – sang

10a **A** Nicki geht die Straße entlang. **C** Nicki biegt rechts ab. **D** Nicki geht links um die Ecke. **E** Nicki wartet gegenüber der Schule.

b Gegenüber + <u>Dativ</u> über + <u>Akkusativ</u> um + <u>Akkusativ</u>

11 **2** entlang **3** bis zur **4** um **5** bis zum **6** ab **7** über **8** gegenüber

12 **2** Der Kiosk ist gegenüber der Bäckerei. **3** Die Polizei ist gegenüber dem Restaurant Confetti. **4** Das Fitness-Studio ist gegenüber dem Bastel-Shop.

13 **A** Geh den Amadeusweg entlang. **B** Bieg rechts ab. **C** Geh über die Schulstraße. **D** Bieg links ab. **E** Geh über den Marienplatz. **F** Geh die Hauptstraße entlang.

14 **2** beneiden **3** bewerten **4** überzeugt **5** gecheckt **6** küssen

15 **1** überall **2** öffentlich **3** unterwegs **4** Genau

16a **1** ausprobieren **2** verzichten **3** beneide

b Lust haben <u>auf</u>, verzichten <u>auf</u>, beneiden <u>um</u>

17a **2** das **3** denen **4** den **5** der **6** die

b Präposition mit Akkusativ: 2, 4, 6
Präposition mit Dativ: 3, 5

c … bestimmt die <u>Präposition</u> …

18 **2** dem a **3** den e **4** die b **5** der d

19a **2** …, ohne den ich zu keiner Party gehe. **3** …, für die ich alles tun würde. **4** …, um das mich alle meine Freunde beneiden. **5** …, mit dem ich mir immer neue Comics kaufe. **6** …, ohne die ich nicht mal unsere Wohnungstür finde. **7** …, für die ich immer pünktlich nach Hause komme.

b *individuelle Lösung*

20 **2** dem **3** der **4** der **5** die **6** den

Lektion 44

1a reden verstehen behaupten erklären aussprechen erzählen bedeuten

b **1** behauptet **2** bedeutet **3** ausgesprochen

(2) 2 bestimmt 3 geheim 4 miteinander 5 alltägliche

(3) Wort Vokabel Grammatik Form Alphabet Buchstabe

(4) 1 besteht 2 gezählt 3 geändert

(5) *individuelle Lösung*

(6) 1 beschreiben 2 zuhören 3 erfinden 4 ausgereicht

(7a) 1 weil 2 obwohl

(b) …, obwohl … sind.

(8) 1 … ihn schon dreimal gelesen habe. 2 …, obwohl er weiß, dass seine Aussprache nicht so gut ist. 3 …, obwohl er eigentlich nicht für Kinder geeignet ist. 4 …, obwohl sie eigentlich keine Zeit hat.

(9) 2 Joshua will sich noch einen Film ansehen, weil sein Lieblingsschauspieler mitspielt / obwohl es schon sehr spät ist. 3 Till möchte Sprachen studieren und Übersetzer werden, obwohl er sich auch für Mathematik interessiert / weil er Sprachen total spannend findet. 4 Unsere Klasse möchte nächstes Jahr in Deutsch unbedingt wieder Herrn Bader haben, weil er die Grammatik so gut erklären kann / obwohl er sehr streng ist.

(10) *Lösungsvorschlag:* **A** Der Junge öffnet die Tür, obwohl er eigentlich nicht stören soll. **B** Der Junge trägt ein T-Shirt, obwohl Schnee liegt. **C** Die Kinder schwimmen im See, obwohl dort Schwimmen verboten ist.

(11) 2 die Behauptung 3 die Änderung 4 die Übersetzung 5 die Beschreibung 6 die Zeichnung 8 einführen 9 lösen 10 wiederholen 11 prüfen 12 ausstellen

(12) 2 System 3 Rätsel 4 europäische 5 blind

(13) 1 Literatur 2 Beruf 3 Kommunikation

(14) **B** die Hand an den Kopf legen – Ich muss nachdenken **C** die Hände links und rechts an den Kopf legen – Das ist ja furchtbar!

(15) 2 zweisprachige 3 automatisch 4 eignen 5 Kita

(16a) Fremd-, Geheim-, Körper-, Muttersprache

(b) 1 das Gespräch 2 der Lautsprecher 3 das Sprachcamp 4 zweisprachig

(17) *individuelle Lösung*

(18a) **Alicia: B** 1 **C** 3 **Tobias: B** 2 **C** 1

(b)

haben *(Präteritum)* + *Partizip Perfekt*	sein *(Präteritum)* + *Partizip Perfekt*
hatte	war
hattest	warst
hatten	waren
hattet	wart
hatten	waren

(c) … dem Präteritum …
…Vergangenheit vor …

(19) 1 hatte … verloren 2 waren … gewesen 3 war … geworden

(20) 2 hatte … gesagt 3 gegangen war 4 hatte gehört 5 war … zurückgekommen 6 hatte … gesucht 7 war … gewesen 8 hatten … mitgenommen

Lektion 45

(1) 1 c 2 b 3 a

(2) 2 Babys 3 Jugendliche 4 Kinder 5 Erwachsene

(3) 2 Erfahrungen 3 stolz 4 Zertifikat 5 begeistert 6 Allerdings 7 Soziales

(4) 1 b 2 a 3 c

(5) 2 Ich esse sowohl Kartoffeln als auch Nudeln. 3 Ich möchte sowohl Eis als auch Schokolade. 4 Ich mag sowohl Cola als auch Apfelsaft.

(6a) 2 c 3 e 4 b 5 a

(c) … wo.
… was.

(7) 2 was 3 was 4 wo 5 was 6 was

(8) 2 Morgen fahren wir an den Schaalsee, wo wir letzten Sommer auch immer waren. 3 Ich bin oft dort, wo meine Eltern und ich früher Picknick gemacht haben. 4 In den Ferien fahren wir auf die Insel Spiekeroog, wo keine Autos fahren dürfen. 5 Ich bin abends gern zu Hause, wo ich meine Ruhe habe und lesen kann.

(9) 2 was 3 die 4 dem 5 was 6 was

(10) *individuelle Lösung*

(11) 2 Kontinente 3 Seefahrer 4 Gesetz 5 Plan 6 Dialekt 7 Dorf

Lösungen Arbeitsbuch

12a **2** c **3** a

b …   …   ….   war,   wollte   …   …   lernen.
…   war …,   …   …   …   konnte.
… <u>als</u> … <u>Ende</u>.
…<u>Hauptsatz</u> …

13 **2** …, als sie ihre Freundin Mara kennenlernte.
3 …, als sie in der vierten Klasse war. **4** Als ihre
Klasse bei einem Theaterwettbewerb den ersten
Platz machte, war Elly sehr stolz. **5** …, als sie 17 war.

14 **2** bevor **3** Als **4** bevor **5** als

15 *Lösungsvorschlag:* Ich vermute, Bild **B** ist ein Segel-
schiff. Vielleicht ist **C** ein Kapitän. Wahrscheinlich ist
D ein Motorschiff. Bild **E** könnte eine Banane sein.
Ich nehme an, Bild **F** ist ein Affe.

16a **1** begeistert **2** wütend **3** heimlich **5** satt

b *individuelle Lösung*

17a **2** Hamburg **3** Frankfurt

b …, <u>bin</u> ich in Hamburg zur Schule <u>gegangen</u>.
… <u>gelebt</u> <u>haben</u>, ….

c …, das <u>vor</u> ….
… <u>Perfekt</u>.
… <u>Plusquamperfekt</u>.

18 **1** Nachdem ich ein Jahr in den Kindergarten gegangen war, bin ich in die Schule gekommen. **2** Ich habe
neue Freunde kennengelernt, nachdem ich angefangen hatte Volleyball zu spielen. **3** Nachdem ich fast
jedes Wochenende auf Turnieren in Deutschland
gespielt hatte, durfte ich zum ersten Mal an einem
Turnier im Ausland teilnehmen. **4** Ich fühle mich gut,
nachdem ich heute drei Stunden trainiert habe.

19 **2** bevor **3** nachdem **4** Nachdem **5** bevor

20 *Lösungsvorschlag:*
Liebe Kiara ,
… Nachdem ich die Grundschule in Göttingen
beendet hatte, bin ich in Fulda aufs Gymnasium
gegangen. … Bevor ich mit dem Studium anfangen
konnte, musste ich eine Prüfung machen. Aber
stell dir vor: Während ich in der Prüfung saß, wusste
ich plötzlich nichts mehr. … Bevor ich die Prüfung
wiederholen konnte, musste ich drei Monate warten.
…

Modul Simon, Training: Lesen, Hören, Schreiben

1a *individuelle Lösung*

b **1** a **2** c **3** b **4** b **5** c

2a **A** Windsurfen **B** Wellenreiten **C** Kitesurfen

b **1** f **2** r **3** f **4** f **5** r

3a *individuelle Lösung*

b **2** das Thema und die Handlung **3** die Hauptpersonen
4 Meine Ideen zum Film **5** Warum ich den Film ausge-
wählt habe

4 *individuelle Lösung*

Das kannst du jetzt

Lösungen siehe AB, S. 106

Lektion 37
Test A

1 **1** organisieren **2** feiern **3** auszugeben **4** zu planen
5 zu helfen **6** schaffen
(6 Punkte)

2 **1** der Pause **2** des Unterrichts **3** des Trainings
4 der Abitur-Prüfungen
(½ Punkt für das Nomen, ½ Punkt für den Artikel)

3 **1** brauche **2** übernachtest **3** Bescheid **4** besorgen
5 tragen **6** Lärm **7** übernehmen **8** ausgehen
9 verabredet **10** putzt
(10 Punkte)

Test B

1 **1** des Trainings **2** der Abitur-Prüfungen
3 des Unterrichts **4** der Pause
(½ Punkt für das Nomen, ½ Punkt für den Artikel)

2 **1** ausgehen **2** verabredet **3** putzt **4** besorgen
5 tragen **6** Lärm **7** übernehmen **8** brauche
9 übernachtest **10** Bescheid
(10 Punkte)

3 **1** organisieren **2** feiern **3** auszugeben **4** zu planen
5 zu helfen **6** schaffen
(6 Punkte)

Lektion 38
Test A

1 **1** für seine **2** über seinen **3** auf sein **4** gegen die
(1 Punkt für die Präposition, ½ Punkt für die Endung)

2 **1** Meine Mutter näht mir manchmal Röcke, damit
ich besonders schöne Röcke habe. **2** Ich tausche mit
meinen Freundinnen Kleider, damit wir keine neuen
kaufen. **3** Meine Mutter benutzt beim Einkaufen keine
Kreditkarte, um weniger zu kaufen. **4** Mein Vater fährt
mit dem Rad zum Büro, um fit zu bleiben.
(1 Punkt für die Konjunktion, 1 Punkt für die Syntax)

3 **1** konsumieren … überlegen **2** Werbung …
Zeitschriften … wahnsinnig **3** erleben **4** Süßigkeiten
5 Urlaub **6** Experiment
(9 Punkte)

Test B

1 **1** Süßigkeiten **2** konsumieren … überlegen
3 Werbung … Zeitschriften … wahnsinnig
4 erleben **5** Experiment **6** Urlaub
(9 Punkte)

2 **1** Meine Mutter benutzt beim Einkaufen keine
Kreditkarte, um weniger zu kaufen. **2** Ich tausche mit
meinen Freundinnen Kleider, damit wir keine neuen
kaufen. **3** Mein Vater fährt mit dem Rad zum Büro,
um fit zu bleiben. **4** Meine Mutter näht mir manchmal
Röcke, damit ich besonders schöne Röcke habe.
(1 Punkt für die Konjunktion, 1 Punkt für die Syntax)

3 **1** über seinen **2** für seine **3** gegen die **4** auf sein
(1 Punkt für die Präposition, ½ Punkt für die Endung)

Lektion 39
Test A

1 **1** würde verlassen **2** würden verbringen
3 würde kümmern **4** würde aufregen
(8 Punkte)

2 **1** Auf wen **2** Worüber
(2 Punkte)

3 **1** über ihre **2** an ihre **3** über **4** mit ihren **5** mit ihren
6 über ihre **7** auf die
(1 Punkt für die Präposition, ½ Punkt für die Endung)

4 **1** seines Partners – der Tiere **2** der Schwäne –
des Paares
(1 Punkt für die Streichung, ½ Punkt für die Endung)

Test B

1 **1** Auf wen **2** Worüber
(2 Punkte)

2 **1** mit ihren **2** über ihre **3** auf die **4** über ihre
5 an ihre **6** über **7** mit ihren
(1 Punkt für die Präposition, ½ Punkt für die Endung)

3 **1** seines Partners – der Tiere **2** der Schwäne –
des Paares
(1 Punkt für die Streichung, ½ Punkt für die Endung)

4 **1** würden verbringen **2** würde kümmern
3 würde verlassen **4** würde aufregen
(8 Punkte)

Lektion 40
Test A

1 **1** solltest D **2** sollte A **3** solltet B **4** sollten C
(½ Punkt für die Endung, 1 Punkt für die Zuordnung)

2 **1** Münchener **2** Leipziger **3** Berliner **4** Hamburger
(½ Punkt für die Endung)

Lösungen A-/B-Tests

(3) 1 Bevor ich frühstücke, schreibe ich eine SMS an Tim. 2 Während ich die Musiksendung höre, räume ich auf. 3 Bevor ich Gitarre übe, treffe ich Tim und Mia. *(1 Punkt für die Konjunktion, 1 Punkt für die Syntax)*

(4) 1 gleichzeitig 2 begeistert 3 genieße 4 Jahrhundert 5 insgesamt 6 Mitarbeiter 7 Maschinen 8 bewundern 9 Motoren 10 funktionieren *(10 Punkte)*

Test B

(1) 1 Münchener 2 Leipziger 3 Berliner 4 Hamburger *(½ Punkt für die Endung)*

(2) 1 gleichzeitig 2 begeistert 3 genieße 4 Jahrhundert 5 insgesamt 6 Mitarbeiter 7 Maschinen 8 bewundern 9 Motoren 10 funktionieren *(10 Punkte)*

(3) 1 solltet B 2 sollten C 3 solltest D 4 sollte A *(½ Punkt für die Endung, 1 Punkt für die Zuordnung)*

(4) 1 Bevor ich frühstücke, schreibe ich eine SMS an Tim. 2 Während ich die Musiksendung höre, räume ich auf. 3 Bevor ich Gitarre übe, treffe ich Tim und Mia. *(1 Punkt für die Konjunktion, 1 Punkt für die Syntax)*

Lektion 41
Test A

(1) 1 des Fotos 2 der Noten 3 einer Fünf 4 des Pferdes 5 meines Hundes *(½ Punkt für den Artikel, ½ Punkt für das Nomen)*

(2) 1 die 2 dem 3 denen 4 das *(4 Punkte)*

(3) 1 In unserem Garten gibt es einen großen schwarzen Vogel, der dort sein Nest baut. 2 Das ist der braune Hund, den ich auch gestern gesehen habe. 3 Wo ist denn das graue Kätzchen, dem meine Schwester jeden Tag Futter gibt? *(1 Punkt für das Relativpronomen, 1 Punkt für die Syntax)*

(4) 1 Das Foto ist zwar peinlich, aber ich finde deine Reaktion übertrieben. 2 Ich wohne zwar in einer großen Stadt, aber in unserem Garten leben wilde Enten. *(4 Punkte)*

(5) 1 das wunderbare Foto 2 die große Fledermaus 3 eine Vogelspinne im Bett *(3 Punkte)*

Test B

(1) 1 das wunderbare Foto 2 die große Fledermaus 3 eine Vogelspinne im Bett *(3 Punkte)*

(2) 1 dem 2 die 3 das 4 denen *(4 Punkte)*

(3) 1 Ich wohne zwar in einer großen Stadt, aber in unserem Garten leben wilde Enten. 2 Das Foto ist zwar peinlich, aber ich finde deine Reaktion übertrieben. *(4 Punkte)*

(4) 1 Wo ist denn das graue Kätzchen, dem meine Schwester jeden Tag Futter gibt? 2 In unserem Garten gibt es einen großen schwarzen Vogel, der dort sein Nest baut. 3 Das ist der braune Hund, den ich auch gestern gesehen habe. *(1 Punkt für das Relativpronomen, 1 Punkt für die Syntax)*

(5) 1 des Fotos 2 der Noten 3 einer Fünf 4 des Pferdes 5 meines Hundes *(½ Punkt für den Artikel, ½ Punkt für das Nomen)*

Lektion 42
Test A

(1) 1 c 2 a 3 f 4 b 5 e 6 d *(6 Punkte)*

(2a) 1 einfache 2 frische 3 guten 4 weißen 5 süße *(½ Punkt für die Endung)*

(b) 1 Gericht 2 vermischen 3 ungefähr 4 würzen 5 Soße 6 schälen 7 dazugeben 8 Appetit *(8 Punkte)*

(3) 1 Daniel möchte wissen, wie viele TL ein Esslöffel sind. 2 Alina würde gern wissen, ob man Käseeis machen kann. 3 Theo fragt, ob das große Wurstfestival an diesem Wochenende stattfindet. *(3 Punkte)*

Test B

(1a) 1 einfache 2 frische 3 guten 4 weißen 5 süße *(½ Punkt für die Endung)*

(b) 1 Gericht 2 vermischen 3 ungefähr 4 würzen 5 Soße 6 schälen 7 dazugeben 8 Appetit *(8 Punkte)*

(2) 1 Theo fragt, ob das große Wurstfestival an diesem Wochenende stattfindet. 2 Daniel möchte wissen, wie viele TL ein Esslöffel sind. 3 Alina würde gern wissen, ob man Käseeis machen kann. *(3 Punkte)*

3 1 c 2 a 3 f 4 b 5 e 6 d
(6 Punkte)

Lektion 43
Test A

1 1 um das 2 auf die – mit denen 3 in dem
(8 Punkte)

2 1 begann 2 waren 3 suchten 4 wollten
5 gingen 6 saß 7 aussah 8 dachten 9 schwammen
10 passte … auf 11 warteten 12 passierte
13 packten 14 stand … auf 15 sagte
(15 Punkte)

3 1 geht … entlang 2 geht … um 3 biegt … ab
4 geht … über 5 gegenüber
(5 Punkte)

Test B

1 1 geht … entlang 2 geht … um 3 biegt … ab
4 geht … über 5 gegenüber
(5 Punkte)

2 1 auf die – mit denen 2 in dem 3 um das
(8 Punkte)

3 1 begann 2 waren 3 suchten 4 wollten
5 gingen 6 saß 7 aussah 8 dachten 9 schwammen
10 passte … auf 11 warteten 12 passierte
13 packten 14 stand … auf 15 sagte
(15 Punkte)

Lektion 44
Test A

1 1a Er möchte Dolmetscher werden, weil er für diesen Beruf geeignet ist. 1b Er möchte Dolmetscher
werden, obwohl er nicht zweisprachig aufgewach-
sen ist. 2a Die Kommunikation auf Deutsch klappte
gut, obwohl ich nicht alle Wörter richtig ausspreche.
2b Die Kommunikation auf Deutsch klappte gut,
weil ich schon seit 2 Jahren Deutsch lerne.
(1 Punkt für die Konjunktion, 1 Punkt für die Syntax)

2 1 hatte … studiert 2 hatte … gearbeitet
3 hatte … geschrieben 4 war … geworden
5 hatte … gelernt
(½ Punkt für das Hilfsverb, ½ Punkt für das Partizip)

3 1 beruflich 2 Mühe 3 Schrift 4 erfunden 5 Bedeutung
6 reicht 7 alltäglichen
(7 Punkte)

Test B

1 1 beruflich 2 Mühe 3 Schrift 4 erfunden 5 Bedeutung
6 reicht 7 alltäglichen
(7 Punkte)

2 1a Die Kommunikation auf Deutsch klappte gut,
obwohl ich nicht alle Wörter richtig ausspreche.
1b Die Kommunikation auf Deutsch klappte gut,
weil ich schon seit zwei Jahren Deutsch lerne.
2a Er möchte Dolmetscher werden, weil er für
diesen Beruf geeignet ist. 2b Er möchte Dolmetscher
werden, obwohl er nicht zweisprachig aufgewach-
sen ist.
(1 Punkt für die Konjunktion, 1 Punkt für die Syntax)

3 1 hatte … studiert 2 hatte … gearbeitet 3 hatte …
geschrieben 4 war … geworden 5 hatte … gelernt
(½ Punkt für das Hilfsverb, ½ Punkt für das Partizip)

Lektion 45
Test A

1 1 Nachdem Leon seine Hausaufgaben macht, sucht
er im Internet ein neues Projekt. 2 Als er vor sechs
Monaten eine Anzeige für das Projekt „Schüler helfen
Senioren" gelesen hatte, hatte er sich sofort angemeldet. 3 Nachdem er da drei Monate mitgemacht hat,
hat er ein Zertifikat bekommen.
(1 Punkt für die Zeitform, 1 Punkt für die Syntax)

2 1 was 2 das 3 in dem 4 die 5 dem 6 was
(6 Punkte)

3 1 Gesetz 2 Kapitän 3 Seefahrer 5 Kontinenten
6 heimlich 7 satt 8 Fahrten
(½ Punkt für die Identifizierung, ½ Punkt für die Zuordnung)

Test B

1 1 Gesetz 2 Kapitän 3 Seefahrer 5 Kontinenten
6 heimlich 7 satt 8 Fahrten
(½ Punkt für die Identifizierung, ½ Punkt für die Zuordnung)

2 1 was 2 das 3 in dem 4 die 5 dem 6 was
(6 Punkte)

3 1 Nachdem Leon seine Hausaufgaben macht, sucht
er im Internet ein neues Projekt. 2 Als er vor sechs
Monaten eine Anzeige für das Projekt „Schüler helfen
Senioren" gelesen hatte, hatte er sich sofort angemeldet. 3 Nachdem er da drei Monate mitgemacht hat,
hat er ein Zertifikat bekommen.
(1 Punkt für die Zeitform, 1 Punkt für die Syntax)

Notizen

Notizen